U0817086

| 法律法规新解读 | 第五版

民法典人格权编解读与应用

成知博 编著

中国法制出版社
CHINA LEGAL PUBLISHING HOUSE

出版说明

“法律法规新解读”丛书作为一套实用型法律图书，历经四版，以其专业、实用、易懂的优点，赢得了广大读者的认可。自第四版后，相关法律规定已发生较大变化，司法实践中也出现了不少新的法律问题，第五版立足“实用”，以关注民生、服务大众为宗旨，切实提升内容实用性；致力“易懂”，使本丛书真正成为“遇事找法者”运用法律维护权利和利益的利器。本丛书选取与日常生活密切相关的法律领域，将各领域的核心法律作为“主体法”，并且将与主体法密切相关的法律规定汇编收录。

“法律法规新解读”丛书独家打造七重法律价值：

1. 出版专业

中国法制出版社是中华人民共和国司法部主管主办的中央级法律类专业出版社，是国家法律法规标准文本的权威出版机构。

2. 条文解读精炼到位

重难点法条以【条文解读】形式进行阐释，解读内容在吸取全国人大常委会法制工作委员会、最高人民法院等部门对条文的权威解读的基础上，结合实际编写，简单明了、通俗易懂。

3. 实务应用精准答疑

根据日常生活中经常遇到的纠纷与难题，以【实务应用】形式提炼归纳出问题点，对标热点难点，精准答疑解惑。

4. 案例指引权威实用

专设【案例指引】板块，选取最高人民法院公报案例、典型案例、各地区法院公布的经典案例以及中国裁判文书网的终审案例等，以案说法，生动地展示解决法律问题的实例。同时，原文收录一部分最高人民法院、最高人民检察院公布的指导性案例，指导实践更准确、更有力。

5. 关联参见检索便捷

除精选与主体法相关联的法律规定外，在主体法中以【关联参见】的方式链接相关重要条文，帮助读者全方位理解相关规定内容。

6. 附录内容实用丰富

书末收录经提炼的法律流程图、诉讼文书、纠纷处理常用数据、重要法律术语速查表等内容，帮助读者大大提高处理法律事务的效率。

7. 超值赠送增值服务

扫描图书后勒口二维码，免费使用中国法制出版社【法融】数据库。读者可查阅“国家法律法规”栏目和“案例解析”栏目中的“最高法指导案例”和“最高检指导案例”的内容。

中国法制出版社

2023 年 4 月

《中华人民共和国民法典》人格权编 法律适用提示

人格权是民事主体对其特定的人格利益享有的权利，关系到每个人的人格尊严，是民事主体最基本的权利。《民法典》① 人格权编在现行有关法律法规和司法解释的基础上，从民事法律规范的角度规定自然人和其他民事主体人格权的内容、边界和保护方式。

一、人格权的基本特征

人格权是民事主体依法对自身享有的人身自由、人格尊严方面的支配和排他的权利，包括但不限于生命权、身体权、健康权、姓名权、名称权、肖像权、名誉权、荣誉权、隐私权等权利。与物权的纯粹“物”性不同，人格权体现了“人之为人”的伦理属性，但也日益呈现出浓郁的财产属性。人格权的基本特点如下：

1. 有限的财产性。人格权首先是维护和实现人的精神利益的权利。人格权的财产属性在位阶上低于人格权的精神利益，人格权的财产利益也要服从于“人身自由、人格尊严”这一目的。

2. 有限的支配性。人格权是一种支配权，但这种支配权因为“人格权是对人自身权利”的特殊性而受到影响，比财产权更多地受法律和公序良俗原则的约束，具体表现在处分的利益类型和处分方式等方面。

3. 宽松的固有性。通常来讲，人格权与权利主体存在同期性——主体在，则人格权在，主体消亡，则人格权消亡。人格权商品化一定程度改变了人格权固有性的特点，一方面，人格权的财产价值并不是随着

① 为便于阅读，本书中相关法律文件名称中的“中华人民共和国”字样都予以省略。

主体出生就具有的，而是随着自然人的名气、地位等因素逐步显现的；另一方面，自然人生前可以把自己姓名、肖像中的财产利益概括授予他人，在该自然人死亡后，其姓名、肖像中的财产利益并不因为其死亡而导致财产利益消亡，人格权与主体之间的不可分割性被有限度地突破。

4. 宽松的法定性。人格权是一种法定权利，其类型、内容、效力、行使方式、救济方式等都由民法加以法定化。人格权是绝对权，不能以当事人的意思自由创设或排除法律的适用。但是在类型和内容方面，人格权的法定性远远低于物权。人格权是一个开放性的权利体系，随着社会生活的发展，会不断有新的人格权类型得以典型化，这体现了宽松的法定性。

二、逻辑结构及主要内容

人格权编的内部逻辑结构分明。第一章是总则，第二章至第六章是分则，为典型的“总—分”逻辑结构。人格权编共 6 章、51 条，主要内容有：

1. 关于一般规定。第一章规定了人格权的一般性规则：一是明确人格权的定义（第 990 条）。二是规定民事主体的人格权受法律保护，人格权不得放弃、转让或者继承（第 991 条、第 992 条）。三是规定了对死者人格利益的保护（第 994 条）。四是明确规定人格权受到侵害后的救济方式（第 995 条至第 1000 条）。

2. 关于生命权、身体权和健康权。第二章规定了生命权、身体权和健康权的具体内容，并对实践中社会比较关注的有关问题作了有针对性的规定：一是为促进医疗卫生事业的发展，鼓励遗体捐献的善行义举，吸收行政法规的相关规定，确立器官捐献的基本规则（第 1006 条）。二是为规范与人体基因、人体胚胎等有关的医学和科研活动，明确从事此类活动应遵守的规则（第 1009 条）。三是近年来，性骚扰问题引起社会较大关注，在总结既有立法和司法实践经验的基础上，规定了性骚扰的认定标准，以及机关、企业、学校等单位防止和制止性骚扰的义务（第 1010 条）。

3. 关于姓名权和名称权。第三章规定了姓名权、名称权的具体内容，并对民事主体尊重保护他人姓名权、名称权的基本义务作了规定：一是对自然人选取姓氏的规则作了规定（第1015条）。二是明确对具有一定社会知名度，被他人使用足以造成公众混淆的笔名、艺名、网名等，参照适用姓名权和名称权保护的有关规定（第1017条）。

4. 关于肖像权。第四章规定了肖像权的权利内容及许可使用肖像的规则，明确禁止侵害他人的肖像权：一是针对利用信息技术手段“深度伪造”他人的肖像、声音，侵害他人人格权益，甚至危害社会公共利益等问题，规定禁止任何组织或者个人利用信息技术手段伪造等方式侵害他人的肖像权，并明确对自然人声音的保护，参照适用肖像权保护的有关规定（第1019条第1款、第1023条第2款）。二是为了合理平衡保护肖像权与维护公共利益之间的关系，结合司法实践，规定肖像权的合理使用规则（第1020条）。三是从有利于保护肖像权人利益的角度，对肖像许可使用合同的解释、解除等作了规定（第1021条、第1022条）。

5. 关于名誉权和荣誉权。第五章规定了名誉权和荣誉权的内容：一是为了平衡个人名誉权保护与新闻报道、舆论监督之间的关系，对行为人实施新闻报道、舆论监督等行为涉及的民事责任承担以及行为人是否尽到合理核实义务的认定等作了规定（第1025条、第1026条）。二是规定民事主体有证据证明报刊、网络等媒体报道的内容失实，侵害其名誉权的，有权请求更正或者删除（第1028条）。

6. 关于隐私权和个人信息保护。第六章在现行有关法律规定的基础上，进一步强化对隐私权和个人信息的保护：一是规定了隐私的定义，列明禁止侵害他人隐私权的具体行为（第1032条、第1033条）。二是界定了个人信息的定义，明确了处理个人信息应遵循的原则和条件（第1034条、第1035条）。三是构建自然人与信息处理者之间的基本权利义务框架，明确处理个人信息不承担责任的特定情形，合理平衡保护个人信息与维护公共利益之间的关系（第1036条至第1038条）。四是规定国家机关及其工作人员负有保护自然人的隐私和个人信息的义务（第1039条）。

目　录

中华人民共和国民法典人格权编

关联法规

实用附录

实务应用速查表

案例指引速查表

法律法规新解读系列

中华人民共和国民法典人格权编

民法典人格权编解读与应用

中华人民共和国民法典人格权编

· 2020 年 5 月 28 日第十三届全国人民代表大会第三次会议通过
· 2020 年 5 月 28 日中华人民共和国主席令第 45 号公布
· 自 2021 年 1 月 1 日起施行

第四编　人 格 权

第一章　一般规定

第九百八十九条　【人格权编的调整范围】[①] 本编调整因人格权的享有和保护产生的民事关系。

条文解读

人格 人格，通常是指做人的资格，也指构成人格的不同人格利益要素。当不同的人格利益要素构成一体，成为一个人时，就是民事主体，人格利益就成为人格权的客体。

人格权 人格权是民事主体对其特定人格利益享有的权利，关系到每个人的人格尊严，是民事主体最基本、最重要的权利。与“人格”相对应的概念是民事权利能力，而人格权是民事权利的一种，权利主体是具有民事权利能力的民事主体，不具有民事权利能力，就不享有人格权；但人格权所涉及的是人格利益而非作为民事权利能力的人格。

① 本书条文主旨为编者所加，为方便读者检索使用，仅供参考，下同。

享有 所谓“享有”，针对的是人格权的积极权能，可以解释为拥有、支配、收益。拥有表明民事主体对人格的控制，不受他人意思表示的约束，这里的拥有类似于物权的“占有”。支配指的是民事主体可以在法律规定的范围内充分利用、处分人格权的伦理价值和财产价值，这种支配既有人格平等、人格自由、人格尊严方面的实现，也有财产价值的变现。收益表明基于部分人格权的商业使用，人格权能够作为目的，也能够作为手段。在商业使用过程中，民事主体可以获得许可使用费、转让费。

保护 所谓“保护”，主要针对的是人格权的消极权能。从本编来看，主要是人格权请求权的规定。人格权请求权类似于物权请求权，是基于人格权的绝对性而衍生的权能，即权利主体之外的第三人不能随意侵害他人的合法人格权益。

人格权法律关系 人格权法律关系就是因人格权发生的民事法律关系。人格权法律关系的权利主体是自然人、法人及非法人组织，义务主体是人格权权利主体之外的其他任何不特定的自然人、法人及非法人组织。因此，人格权是绝对权，人格权法律关系是绝对权的法律关系，权利主体特定而义务主体不特定。人格权法律关系的客体，是人格利益，而不是人格。就特定的人格利益构成的权利义务关系，就是人格权法律关系的内容。

关联参见

《宪法》第37条、第38条；《刑法》第236—238条、第245条；《治安管理处罚法》第27条、第40条、第43条

第九百九十条 【人格权类型】 人格权是民事主体享有的生命权、身体权、健康权、姓名权、名称权、肖像权、名誉

权、荣誉权、隐私权等权利。

除前款规定的人格权外，自然人享有基于人身自由、人格尊严产生的其他人格权益。

条文解读

人格权是人格权编中的核心概念，但《民法典》并没有从内涵的角度作定义，而是以列举的方式及外延的方式作的界定，即人格权是包含生命权、身体权、健康权、姓名权、名称权、肖像权、名誉权、荣誉权和隐私权等权利的民事权利，这样做的好处是保持开放性，为未来新出现的人格权类型留有足够的空间。

一般人格权 ➲ 一般人格权，是指自然人享有的，概括人格独立、人格自由和人格尊严全部内容的一般人格利益，由此产生和规定具体人格权，并对具体人格权不能保护的其他人格利益进行保护的抽象人格权。一般人格权的核心内容是人格尊严（而不是人身自由），具体内容是基于人格尊严而产生的其他人格利益。通常认为，一般人格权有创造功能（创造新的人格权）、解释功能（解释具体人格权的内容）和补充功能（保护具体人格权不能保护的人格利益），但是实际发挥最重要的功能是补充功能，即在具体的人格权之外，基于人格尊严产生的其他人格利益都予以保护，当这些人格利益受到侵害时，一般人格权予以保护。

实务应用

01. 未经男方同意使用其精子配子，侵犯了男方何种权利？

随着科技的进步与个人需求的多样化，“试管婴儿”已成为不孕不育夫妇普遍采用的生育方式，由此引发的新的法律问题不断增多。生育选择权是我国公民享有的一项基本权利，其中包括生育或不生育子女的权利，这项原则同样适用于人类辅助生殖领域。

例如，甲男与乙女系同居关系，甲男经诊断为原发性不孕，双方决定采用体外受精方法生育子女。双方通过医学手段，提取了精子和卵子制造出胚胎，先后产下两名女婴。随后，乙女在未告知甲男的情形下，使用原来的受精配子，又产下一名男婴。后乙女要求甲男承担抚养责任。甲男应享有生育选择权，在本案中具体体现为胚胎处置权。甲男是男婴的遗传学父亲，甲男与乙女共同拥有男婴胚胎的处置权，男婴之出生应取得甲男的知情同意，并签署书面知情同意书。甲男拥有“不能被迫成为父亲”的基本权利。男婴之出生，侵犯了甲男的生育选择权，违背了我国的生育伦理原则。在这种情况下，甲男可视为一个单纯的捐赠精子者，其对出生的后代既没有任何权利，也不承担任何责任。乙女要求男婴由甲男抚养，理由不成立。

案例指引

01. 养女在过世养父母墓碑上刻名，是否符合公序良俗？[①]

原告石某连系已故石某信夫妇的养女和唯一继承人，被告石某荷系石某信的堂侄。石家岭社区曾于2009年对村民坟墓进行过搬迁，当时所立石某信夫妇墓碑上刻有石某连的名字。2020年夏，石家岭居委会进行迁坟过程中，除进行经济补偿外，新立墓碑由

① 参见《民法典颁布后人格权司法保护典型民事案例》（2022年4月11日发布），养女在过世养父母墓碑上的刻名权益受法律保护——养女墓碑刻名维权案，载最高人民法院网 https：//www.court.gov.cn/zixun-xiangqing-354261.html，最后访问日期：2023年2月27日。

社区提供并按照各家上报的名单镌刻姓名。石某荷在向居委会上报名单时未列入石某连，导致新立墓碑未刻石某连的名字。石某连起诉请求判令石某荷在石某信夫妇墓碑上镌刻石某连的姓名，返还墓地搬迁款，赔偿精神损失。

一审山东省济南市钢城区人民法院经审理认为，根据《民法典》第990条的规定，除法律规定的具体人格权外，自然人还享有基于人身自由、人格尊严产生的其他权益。逝者墓碑上镌刻亲人的名字是中国传统文化中后人对亲人追思情感的体现，对后人有着重大的精神寄托。养子女在过世父母墓碑上镌刻自己的姓名，符合公序良俗和传统习惯，且以此彰显与逝者的特殊身份关系，获得名誉、声望等社会评价，故墓碑刻名关系到子女的人格尊严，相应权益应受法律保护。原有墓碑上镌刻有养女石某连的姓名，石某荷在重新立碑时故意遗漏石某连的刻名，侵害了石某连的人格权益，应承担民事责任。一审判令石某荷按民间传统风俗习惯在石某信夫妇墓碑上镌刻石某连的姓名、石某荷返还石某连墓地拆迁款3736元。二审济南市中级人民法院维持原判。

养子女在过世养父母墓碑上刻名的权益关涉人格尊严和人格平等，符合孝道传统和公序良俗，本案将此种人格权益纳入一般人格权予以保护，回应了社会发展所产生的新型人格权益保护需求，对类似案件处理具有参考价值。

关联参见

《妇女权益保障法》第28条；《残疾人保障法》第3条；《老年人权益保障法》第21条；《未成年人保护法》第4条、第11条、第27条、第35条、第39—41条、第49条、第54条、第72

条、第73条、第77条；《预防未成年人犯罪法》第3条；《治安管理处罚法》第47条；《消费者权益保护法》第14条、第56条；《最高人民法院关于确定民事侵权精神损害赔偿责任若干问题的解释》第1条；《最高人民法院关于审理利用信息网络侵害人身权益民事纠纷案件适用法律若干问题的规定》第1条

第九百九十一条　【人格权受法律保护】 民事主体的人格权受法律保护，任何组织或者个人不得侵害。

条文解读

人格权法律保护原则 人格权法律保护原则，是《民法典》第3条规定的民事权利依法保护原则的组成部分，任何民事权利及合法利益都受法律保护，人格权当然不例外。

侵害 本条没有明确规定“侵害”必须是非法的，但是在行政执法、刑事司法等活动中，有时候不可避免地侵害民事主体的人格权。因此，民事主体的人格权益保护也不完全是绝对的，国家机关依法行使行政权或者司法权等情形的，应当予以排除。

案例指引

02. 如何认定人格尊严受到侵害？[1]

宋某某为二级残疾人，表现为口齿不清、身体协调性差。2017年4月，宋某某在某银行领取粮食补贴款，并给其父亲缴纳养老保

---

[1] 参见《最高人民法院中国残疾人联合会残疾人权益保护十大典型案例》（2021年12月2日发布），宋某某诉某银行人格权纠纷案，载最高人民法院网 https：//www.court.gov.cn/zixun-xiangqing-334501.html，最后访问日期：2023年2月27日。

险金时，因忘记银行卡密码，需要办理重置密码业务。工作人员告知其需到开户行办理，因交流不畅发生口角。该银行工作人员不了解宋某某身体残疾情况，见宋某某行为异常，遂启动银行报警系统。宋某某听到警铃声后，随即匆忙跑出营业场所。宋某某以侵害其人格权为由，起诉请求某银行在省级媒体上向其赔礼道歉，赔偿精神损失费 40000 元。

甘肃省平凉市崆峒区人民法院经审理认为，人格尊严是民事主体作为“人”所应有的最基本社会地位、社会评价，并得到最起码尊重的权利。《民法典》第 109 条规定，自然人的人身自由、人格尊严受法律保护。某银行没有证据证实宋某某在该行办理业务过程中有抢劫企图或者有危及某银行工作人员生命健康安全行为的迹象，仅是为办理业务事宜时，和某银行工作人员发生争执。宋某某作为残疾人，社会适应能力差。某银行的行为给身为残疾人的宋某某适应社会平添了心理障碍，造成精神上的严重伤害。遂判决某银行赔偿宋某某精神损害抚慰金 5000 元，并就使用警铃不当行为给宋某某造成精神伤害作出书面赔礼道歉。甘肃省平凉市中级人民法院维持一审判决。

《残疾人保障法》第 3 条第 2 款规定：“残疾人的公民权利和人格尊严受法律保护。”残疾人在社会适应力、心理承受力方面弱于普通人，更加需要社会的理解与关怀。保障残疾人的人格尊严，需要全社会的共同参与。在民事活动中，更应弘扬社会主义核心价值观，充分关心、理解、尊重残疾人，消除偏见和歧视。尤其是社会服务行业，在工作环境设置和办理业务过程中应为残疾人充分提供便利。该案在残疾人参加社会活动受到歧视时给予充分保护，切实保障残疾人合法权益，判决结果在当地产生了积极影响，充分彰显了司法的公正性，凸显了新时代司法为民主题，有力弘扬了社会主义核心价值观。

关联参见

《刑法》第238条、第241条、第244条、第318条；《国家赔偿法》第3条；《英雄烈士保护法》第22条；《最高人民法院关于确定民事侵权精神损害赔偿责任若干问题的解释》第1条；《最高人民法院关于审理利用信息网络侵害人身权益民事纠纷案件适用法律若干问题的规定》第1条；《最高人民法院关于审理拐卖妇女儿童犯罪案件具体应用法律若干问题的解释》第3条

第九百九十二条　【人格权不得放弃、转让、继承】 人格权不得放弃、转让或者继承。

条文解读

人格权的固有性 ➲ 本条规定的是人格权的固有性。固有性是指人格权是自然人生而具有的权利，而不是后天依据何种原因而取得的权利。人格权由于具有固有性特征，因而是专属权、必备权，与权利主体不可须臾离开，终身为权利主体所享有。人格权一旦与权利主体分离，人就丧失了做人的资格。

正因为人格权是固有权、专属权、必备权，因而在任何民事活动中，权利主体都不得放弃人格权、转让人格权、继承人格权，不能通过这些行为将人格权与权利主体分离。不过有些人格利益是可以许可他人使用的，例如肖像、姓名、隐私、个人信息等，但是不能把这些人格权予以放弃、转让或者继承。

此外，侵害他人人格权的精神损害赔偿请求权原则保持专属性，但是例外是“赔偿义务人已经以书面方式承诺给予金钱赔偿，或者赔偿权利人已经向人民法院起诉”。因为此种情形下的精神损害赔偿请求权已经转化为财产权。

实务应用

02. 可以基于法律规定转让、放弃或者继承人格权的情形有哪些?

并不是说在所有的情况下人格权都可以基于法律规定而转让、放弃、继承，法律规定的情形只有三种：（1）只有名称权可以转让，因为它是法人或者非法人组织的名称，转让、放弃都可以，只不过法人或者非法人组织解散而已。（2）某些人格权的客体即人格利益可以放弃和转让，甚至可以继承，这些规则在《民法典》第993条作了规定。（3）当人格利益受到损害提起诉讼时，权利人死亡，这些人格利益的归属，可以由其继承人继承。

关联参见

《人体器官移植条例》第3条

第九百九十三条　【人格利益的许可使用】 民事主体可以将自己的姓名、名称、肖像等许可他人使用，但是依照法律规定或者根据其性质不得许可的除外。

条文解读

可以许可他人使用的人格利益 ➲ 可以许可他人使用的人格利

益，包括姓名、名称、肖像、声音、个人信息等。这些人格利益都能够脱离权利人的本身而独立存在，能够发生声誉和吸引力，具有相当的市场价值，经过使用能够获得经济利益。

不得许可他人使用的人格利益 并不是所有的人格利益都能许可他人使用，因此规定，依照法律规定或者根据其性质不得许可的除外。当法律规定某种人格利益不得许可他人使用时，权利人不得许可他人使用；当权利性质不得许可他人使用的，也不得许可他人使用，例如生命、健康、名誉、人身自由等都不得或者不能许可他人使用。

实务应用

03. 形象代言合同到期后，未经肖像权人同意擅自继续使用他人肖像，应承担何种责任？

形象代言合同到期后，未经肖像权人同意擅自继续使用他人肖像，属于侵犯肖像的行为。公民的肖像权受到侵害的，有权要求停止侵害，恢复名誉，消除影响，赔礼道歉，并可以要求赔偿损失。侵权人承担责任的形式应当与其侵权行为的具体方式和造成的影响范围相当，侵权影响到的地域是考虑赔礼道歉的主要因素。损害赔偿金的数额要结合形象代言合同酬金、侵权时间等因素确定。

关联参见

《商标法》第 32 条、第 45 条；《反不正当竞争法》第 6 条；《企业名称登记管理规定》第 19 条

第九百九十四条　【死者人格利益保护】死者的姓名、肖像、名誉、荣誉、隐私、遗体等受到侵害的，其配偶、子女、父母有权依法请求行为人承担民事责任；死者没有配偶、子女且父母已经死亡的，其他近亲属有权依法请求行为人承担民事责任。

条文解读

自然人死亡，其民事权利能力消灭，因而主体消灭。不过，一个人死亡后，虽然主体消灭了，但并不是其人格利益一并都予以消灭。本条列举的死者姓名、肖像、名誉、荣誉、隐私、遗体等受到侵害的，死者的近亲属有权进行保护。不过，死者的遗骨、骨灰、个人信息等也都需要依法保护，可以概括在“等”字中。

保护死者人格利益的方式　对死者人格利益的保护，采取死者近亲属保护的方式进行。当死者的人格利益受到侵害时，死者的第一顺位的近亲属有权向法院起诉，请求行为人承担民事责任。死者如果没有第一顺位的近亲属，其他近亲属即第二顺位的近亲属，有行使这种保护的权利。没有近亲属的，可以根据实际情况，如存在公共利益的原因，可以采用公益诉讼的方法进行保护。侵害英雄烈士的人格利益，即使死者没有近亲属，有关组织也可以提出保护的诉讼请求，由人民法院依法裁判。此外，“依法请求行为人承担民事责任”意味着死者近亲属除了到法院提起诉讼外，还可以诉诸其他救济途径，比如请求公安机关依据《治安管理处罚法》依法予以保护。

死者人格利益受保护的期限　关于保护死者的人格利益的请求权是否有期限的限制，本条采用我国司法习惯，不规定期限。

实务应用

04. 毁坏他人祖坟，如何承担赔偿责任？[①]

祖坟是后代追忆、祭祀已逝祖先的特定场所，对后人存在着重大的精神寄托。维护祖坟的完好是一种公序良俗，将他人祖坟挖毁，侵害了坟墓这种特殊的财产权，也侵害了死者的人格利益，还侵害了死者近亲属的祭祀权，存在多重的权益损害；对不同权益的损害，应当确定不同的赔偿标准。

（1）损害他人祖坟侵害的民事权益：①侵犯了财产权。祖坟在民法上属于构筑物，需要投入一定的人力、物力进行建设，属于一种特殊的不动产，死者近亲属对之拥有相应的财产权益。②侵犯了祭祀权。根据我国传统的伦理观念和长期形成的民间风俗习惯，祭奠既是生者对死者的悼念，也是对生者精神上的一种安慰。将死者坟墓挖毁，使死者近亲属不能正常祭祀，侵犯了死者近亲属的祭祀权。③侵犯了原告的人格利益。遗体遗骨作为死者遗存之物，负载了近亲属对死者的哀思，因而是一种特殊的物。对该物的损害，侵犯了死者近亲属的特定身份权益，《最高人民法院关于确定民事侵权精神损害赔偿责任若干问题的解释》第3条规定："死者的姓名、肖像、名誉、荣誉、隐私、遗体、遗骨等受到侵害，其近亲属向人民法院提起诉讼请求精神损害赔偿的，人民法院应当依法予以支持。"

（2）标准赔偿：①经济损失的赔偿标准。《民法典》第1184条规定："侵害他人财产的，财产损失按照损失发生时的市场价格

---

① 参见徐朋、张得森：《毁坏他人祖坟引发多重民事权益损害的赔偿标准》，载《人民法院报》2013年1月31日，第06版。

或者其他合理方式计算。”如果对坟墓的损害程度较低，能够确定因修复被毁坏坟墓所支出的合理费用，有相关支出依据的，照此赔偿；如果对坟墓的损害程度较高，或者是完全损毁，需要重新安葬的，可以按照交通事故案件中的丧葬费标准赔偿。②精神损害的赔偿标准。由于无形的精神损害难以用物质尺度准确估量，不能适用财产损失那样的全部赔偿原则，在正确确定精神损害赔偿数额时，必须综合评判诸种因素，进行适当经济补偿，否则就有可能丧失公平。

案例指引

03. 对死者进行人格贬损和侮辱，应承担何种法律责任？[①]

2013 年 5 月 22 日，被告孙某在新浪微博通过用户名为“作业本”的账号发文称：“由于邱少云趴在火堆里一动不动，最终食客们拒绝为半面熟买单，他们纷纷表示还是赖宁的烤肉较好。”作为新浪微博知名博主，孙某当时已有 603 万余个“粉丝”。该文发布后不久就被转发 662 次，点赞 78 次，评论 884 次。2013 年 5 月 23 日凌晨，该篇微博博文被删除。

2015 年 4 月，凉茶（中国）饮料有限公司（以下简称凉茶公司）在其举办的“凉茶 2014 年再次销量夺金”的“多谢”活动中，通过“凉茶活动”微博发布了近 300 条“多谢”海报，感谢对象包括新闻媒体、合作伙伴、消费者及部分知名人士。被告孙某作为新浪微博知名博主也是凉茶公司的感谢对象之一。凉茶公

① 参见《人民法院依法保护“狼牙山五壮士”等英雄人物人格权益典型案例》（2016 年 10 月 19 日发布），邱某华诉孙某、凉茶（中国）饮料有限公司一般人格权纠纷案，载最高人民法院网 https：//www. court. gov. cn/zixun-xiangqing-28421. html，最后访问日期：2023 年 2 月 27 日。

司于2015年4月16日以该公司新浪微博账号“凉茶活动”发博文称：“多谢@作业本，恭喜你与烧烤齐名。作为凉茶，我们力挺你成为烧烤摊CEO，开店十万罐，说到做到^_ ^#多谢行动#”，并配了一张与文字内容一致的图片。孙某用“作业本”账号于2015年4月16日转发并公开回应：“多谢你这十万罐，我一定会开烧烤店，只是没定哪天，反正在此留言者，进店就是免费喝!!!”该互动微博在短时间内被大量转发并受到广大网友的批评，在网络上引起了较大反响。

烈士邱少云之弟邱某华以孙某的前述博文对邱少云烈士进行侮辱、丑化，凉茶公司以违背社会公德的方式贬损烈士形象，用于市场营销的低俗行为，在社会上造成了极其恶劣的影响为由，起诉至北京市大兴区人民法院，请求判令二被告立即停止侵害、消除影响、赔礼道歉，赔偿精神损失费1元。

北京市大兴区人民法院一审认为，根据《民法典》第120条、第185条以及《最高人民法院关于适用〈中华人民共和国民事诉讼法〉的解释》第69条之规定，邱少云烈士生前的人格利益仍受法律保护，邱某华作为邱少云的近亲属，有权提起本案诉讼。孙某发表的言论将“邱少云烈士在烈火中英勇献身”比作“半边熟的烤肉”，是对邱少云烈士的人格贬损和侮辱，属于故意的侵权行为，且该言论通过公众网络平台快速传播，已经造成了严重的社会影响，伤害了社会公众的民族和历史感情，同时损害了公共利益，也给邱少云烈士的亲属带来了精神伤害。虽然孙某发表的侵权言论的原始微博文章已经删除且通过微博予以致歉，但侵权言论通过微博已经被大量转载，在网络上广泛流传，已经造成了严重的社会影响，因此，应在全国性媒体刊物上予以正式公开道歉，消除侵权言论造成的不良社会影响。凉茶公司发表的案涉言论在客观方面系与孙某的侵权言论相互呼应且传播迅速，产生较大负面影响；主观上，凉茶公司在其策划的商业活动中应尽到审慎的注意义务，凉茶公司应当对孙某发表的影响较大的不当言论进行审查而未审查，存有过错，因此，亦应承担侵权责任。但是，由于孙某和凉茶公司已经主动删除原始侵权言论，因此只能通过赔礼道歉、消除影响的方式消除侵权所造成的后果，判决：孙某、凉茶公司于判决生效后 3 日内公开发布赔礼道歉公告，公告须连续刊登 5 日；孙某、凉茶公司连带赔偿邱某华精神损害抚慰金 1 元。一审判决后，双方当事人均未上诉。

本案是恶意诋毁、侮辱民族英雄和革命先烈，侵害其人格利益的典型案件。本案的特点是，先有网络名人恶意侮辱、诋毁民族英雄，再有商业公司借助不法言论恶意炒作获得商业推广效果，两者行为的结合造成了同一损害后果。本案判决在如下方面值得赞同：一是对侵权言论的分析上，结合其语境及侵权言论的传播和舆论反应，认定侵权人的主观恶意和损害后果；二是对多个行为人共同侵权的把握上，注意分析多个言论的关联性及互动性，准确把握多个行为人的主观关联性及损害后果的同一性；三是在责任形态上，认定多个侵权人之间的连带责任；四是在责任方式上，根据侵权人事后删除侵权言论的事实，判决其承担赔礼道歉、消除影响和精神损害抚慰金的责任，责任形式妥当。这一判决，维护了民族英雄和革命先烈的合法权益，对于以侮辱、诋毁民族英雄和革命先烈的人格为手段，恶意商业炒作获得不法利益的侵权行为，具有鲜明的警示意义。

关联参见

《英雄烈士保护法》第25条、第26条；《烈士褒扬条例》第8条；《最高人民法院关于确定民事侵权精神损害赔偿责任若干问题的解释》第3条

第九百九十五条　【人格权保护的请求权】人格权受到侵害的，受害人有权依照本法和其他法律的规定请求行为人承担民事责任。受害人的停止侵害、排除妨碍、消除危险、消除影响、恢复名誉、赔礼道歉请求权，不适用诉讼时效的规定。

条文解读

本条是对人格权请求权的规定。人格权请求权，是人格权本身包含的保护自己的请求权。这正像人体之内包含着保护自己、防御疾病的抵抗力一样，人格权请求权就是人格权自己所包含着的保护自己的救济权利。而保护人格权的外部力量，则是侵权请求权，是用外部的请求权保护人格权。

损害赔偿不属于人格权请求权的内容 ➲ 人格权请求权的具体方法，应当是除了损害赔偿方法之外的救济人格权被侵害的方式，如停止侵害、排除妨碍、消除危险、消除影响、恢复名誉、赔礼道歉。损害赔偿是侵权责任法救济损害的一般方法，不属于人格权请求权的内容。

人格权请求权不受诉讼时效限制 ➲ 正是由于人格权请求权是人格权本身包含的原有救济权利，因此，人格权请求权不受诉讼

时效的限制，因而规定受害人的停止侵害、排除妨碍、消除危险、消除影响、恢复名誉、赔礼道歉请求权，不适用诉讼时效的规定。

人格权请求权的举证责任 ➲ 主张人格权请求权时，权利人只需要证明妨害行为的违法性、妨害行为可能发生或者正在进行和因果关系，而不必像行使侵权损害赔偿请求权那样，证明构成侵权责任的全部要件。

关联参见

《食品安全法》第 141 条；《消费者权益保护法》第 50 条；《国家赔偿法》第 3 条、第 17 条、第 32 条、第 35 条；《治安管理处罚法》第 117 条；《涉外民事关系法律适用法》第 46 条；《最高人民法院关于审理使用人脸识别技术处理个人信息相关民事案件适用法律若干问题的规定》第 7 条、第 13 条

第九百九十六条 【人格权责任竞合下的精神损害赔偿】

因当事人一方的违约行为，损害对方人格权并造成严重精神损害，受损害方选择请求其承担违约责任的，不影响受损害方请求精神损害赔偿。

条文解读

违约精神损害赔偿 ➲ 违约精神损害赔偿，又称为非财产损害，是指民事主体基于违约行为遭受的精神损害主张损害赔偿的救济制度。相比于财产损害赔偿，精神损害赔偿具有显著差异，具体如下：其一，精神损害赔偿以造成人身损害为前提，唯有权利人受到人身损害时，才有权主张精神损害赔偿。其二，精神损害赔

偿其实并非对损害的赔偿，它更多的是一种货币化的补偿和精神安慰，主要是针对侵犯人格权的救济，针对的是所谓精神痛苦，是对受害人的抚慰。

违约请求精神损害赔偿的构成要件 ➲ 违约行为造成精神损害可以直接适用精神损害赔偿责任进行救济。构成要件如下：（1）一方当事人违反合同义务构成违约行为；（2）违约行为侵害了债权人的人格权益；（3）违约行为造成严重精神损害；（4）违约行为与精神损害之间有因果关系。具备上述要件，受损害一方请求其承担违约责任，并不影响其一并请求精神损害赔偿。换言之，违约行为同时造成债权人的严重精神损害，可以同时请求法院确认其承担违约责任和侵权的精神损害赔偿责任。

本条与《民法典》第1183条的关系是，第1183条是普通规定，本条是特别规定，在违约责任领域，本条具有优先适用的效力。

案例指引

04. 人格权侵权中，确定精神损害赔偿的数额应考虑哪些因素？①

2008年10月18日凌晨1时许，著名导演谢某因心源性猝死，逝世于酒店客房内。2008年10月19日至同年12月，宋某德向其开设的新浪网博客、搜狐博客、腾讯网博客上分别上传了《千万别学谢某这样死!》、《谢某和刘××在海外有个重度脑瘫的私生子谢

① 参见《利用信息网络侵害人身权益典型案例》（2014年10月10日发布），徐某雯与宋某德、刘某达侵害名誉权民事纠纷案，载最高人民法院网 http://gongbao.court.gov.cn/Details/b790fda5429b84cbbbe000e426e15a.html，最后访问日期：2023年2月27日。

××！》等多篇文章，称谢某因性猝死而亡、谢某与刘××在海外育有一个重度脑瘫的私生子等内容。2008 年 10 月 28 日至 2009 年 5 月 5 日，刘某达向其开设的搜狐网博客、网易网博客分别上传了《刘某达愿出庭作证谢某嫖妓死，不良网站何故黑箱操作撤博文?》、《刘某达：美×确是李××女儿，照片确是我所拍》、《宋某德十五大预言件件应验！》、《宋某德的 22 大精准预言！》等文章，称谢某事件是其亲眼目睹、其亲自到海外见到了“谢某的私生子”等内容。2008 年 10 月至 11 月间，齐鲁电视台、成都商报社、新京报社、华西都市报社、黑龙江日报报业集团生活报社、天府早报社的记者纷纷通过电话采访了宋某德。宋某德称前述文章其有确凿证据，齐鲁电视台及各报社纷纷予以了报道。成都商报社记者在追问宋某德时得知消息来源于刘某达后，还通过电话采访了刘某达。刘某达对记者称系自己告诉了宋某德，并作出了同其博客文章内容一致的描述。徐某雯以宋某德、刘某达侵害谢某名誉为由起诉，请求停止侵害、撤销博客文章、在相关媒体上公开赔礼道歉并赔偿经济损失 10 万元和精神损害抚慰金 40 万元。

上海市静安区人民法院一审认为，博客注册使用人对博客文章的真实性负有法律责任，有避免使他人遭受不法侵害的义务。宋某德、刘某达各自上传诽谤文章在先，且宋某德称消息来源于刘某达的“亲耳所闻、亲眼所见”，而刘某达则通过向博客上传文章和向求证媒体叙述的方式，公然宣称其亲耳听见了事件过程并告诉了宋某德。两人不仅各自实施了侵权行为，而且对于侵犯谢某的名誉有意思联络，构成共同侵权。诽谤文章在谢某逝世的次日即公开发表，在此后报刊等媒体的求证过程中继续诋毁谢某名誉，主观过错十分明显。宋某德、刘某达利用互联网公开发表不实言论，使谢某的名誉在更大范围内遭到不法侵害，两被告的主观过错十分严重，侵权手段十分恶劣，使谢某遗孀徐某雯身心遭受重大打击。综上，判决宋某德、刘某达承担停止侵害、在多家平面和网络媒体报醒目位置刊登向徐某雯公开赔礼道歉的声明，消除影响；并赔偿徐某雯经济损失 89951.62 元、精神损害抚慰金人民币 20 万元。宋某德、刘某达不服上诉，上海市第二中级人民法院维持原判，驳回上诉。

本案是一起利用博客侵害他人名誉权的案件。正如一、二审判决所言，在公开博客这样的自媒体中表达，与通过广播、电视、报刊等方式表达一样，都应当遵守国家的法律法规，不得侵犯他人的合法权益。博客开设者应当对博客内容承担法律责任。本案两被告利用互联网和其他媒体侵犯谢某名誉，法院根据其行为的主观过错、侵权手段的恶劣程度、侵权结果等因素，判处较高数额的精神损害抚慰金，体现了侵权责任法的理念和精神。

关联参见

《最高人民法院关于审理旅游纠纷案件适用法律若干问题的规定》第 7 条；《最高人民法院关于确定民事侵权精神损害赔偿责任若干问题的解释》第 4 条

第九百九十七条　【申请法院责令停止侵害】民事主体有证据证明行为人正在实施或者即将实施侵害其人格权的违法行为，不及时制止将使其合法权益受到难以弥补的损害的，有权依法向人民法院申请采取责令行为人停止有关行为的措施。

条文解读

本条是对侵害人格权的禁令的规定。

禁令就是禁止实施某种行为的命令。侵害人格权的禁令，是人民法院发出的禁止行为人实施有可能侵害他人人格权的违法行为的命令。这种命令有强制性，受禁令禁止的行为人，必须遵从禁令的要求，不得实施被禁令禁止的行为。违反者，应当承担民事责任。

人格权禁令的要件 对行为人发出禁令的要件是：（1）民事主体有证据证明行为人正在实施，或者即将实施某种行为；（2）该种行为能够侵害受害人的人格权；（3）不及时制止将会使受害人的合法权益受到难以弥补的损害；（4）受害人须向人民法院请求发布禁令。符合上述要件的，人民法院应当对行为人发布禁令，行为人受到该禁令的拘束。

本条没有规定的问题有两个：（1）申请发布禁令的请求权人对禁令应当提供担保，一旦请求禁令发生错误，使受禁令禁止的行为人受到损害的，禁令申请人应当承担侵权责任；未提供担保的，人民法院可以拒绝发布禁令。（2）被禁令禁止的行为人违反禁令，继续实施被禁止的行为的，应当承担造成损害的赔偿责任，违反禁令的行为也应当同时受到民事诉讼强制措施的制裁。

实务应用

05. 申请侵害人格权的诉前禁令的程序是什么？

本条规定的是通过除请求人民法院判决之外的其他程序，申请人民法院采取责令行为人停止有关行为的措施，且仅规定了此种申请的实体法基础。如何通过程序而具体实现，其他法律对此有规定的，应当适用其他法律的规定。

《民事诉讼法》第 103 条规定："人民法院对于可能因当事人一方的行为或者其他原因，使判决难以执行或者造成当事人其他损害的案件，根据对方当事人的申请，可以裁定对其财产进行保全、责令其作出一定行为或者禁止其作出一定行为；当事人没有提出申请的，人民法院在必要时也可以裁定采取保全措施。人民法院采取保全措施，可以责令申请人提供担保，申请人不提供担保的，裁定驳回申请。人民法院接受申请后，对情况紧急的，必须在四十八小时内作出裁定；裁定采取保全措施的，应当立即开始执行。"第 104 条规定："利害关系人因情况紧急，不立即申请保全将会使其合法权益受到难以弥补的损害的，可以在提起诉讼或者申请仲裁前向被保全财产所在地、被申请人住所地或者对案件有管辖权的人民法院申请采取保全措施。申请人应当提供担保，不提供担保的，裁定驳回申请。人民法院接受申请后，必须在四十八小时内作出裁定；裁定采取保全措施的，应当立即开始执行。申请人在人民法院采取保全措施后三十日内不依法提起诉讼或者申请仲裁的，人民法院应当解除保全。"

法院基于申请作出诉前禁令后，行为人应当按照禁令要求停止侵害行为。与此同时，申请人还应在合理时间内提起诉讼，如果申请人未在合理时间内提起诉讼的，诉前禁令将会自动失效。

案例指引

05. 何种情形下可以申请诉前临时禁令？[①]

本案系因已故著名学者钱钟书书信手稿拍卖引发的纠纷。申请人杨季康称：钱钟书（已故）与杨季康系夫妻，二人育有一女钱瑗（已故）。钱钟书、杨季康及钱瑗与李国强系朋友关系，三人曾先后致李国强私人书信百余封，该信件本由李国强收存，但是2013年5月间，中贸圣佳公司发布公告表示其将于2013年6月21日举行“也是集——钱钟书书信手稿”公开拍卖活动，公开拍卖上述私人信件。为进行该拍卖活动，中贸圣佳公司还将于2013年6月8日举行相关研讨会，2013年6月18日至20日举行预展活动。杨季康认为，钱钟书、杨季康、钱瑗分别对各自创作的书信作品享有著作权。钱瑗、钱钟书先后于1997年3月4日、1998年12月19日病故。钱钟书去世后，其著作权中的财产权由杨季康继承，其著作权中的署名权、修改权和保护作品完整权由杨季康保护，发表权由杨季康行使。钱瑗去世后，其著作权中的财产权由杨季康与其配偶杨伟成共同继承，其著作权中的署名权、修改权和保护作品完整权由杨季康与杨伟成保护，发表权由杨季康与杨伟成共同行使；鉴于杨伟成明确表示在本案中不主张权利，故杨季康依法有权主张相关权利。杨季康主张，中贸圣佳公司及李国强即将实施的私人信件公开拍卖活动，以及其正在实施的公开展览、宣传等活动，将侵害杨季康所享有和继承的著作权，如不及

---

① 参见《最高人民法院公布七起保障民生典型案例》（2014年2月18日发布），杨季康（笔名杨绛）与中贸圣佳国际拍卖有限公司、李国强诉前禁令案，载最高人民法院网 http://gongbao.court.gov.cn/Details/a66f43c0e70ae763eb491a269e6d33.html，最后访问日期：2023年2月27日。

时制止上述行为，将会使杨季康的合法权益受到难以弥补的损害，故向法院提出申请，请求法院责令中贸圣佳公司及李国强立即停止公开拍卖、公开展览、公开宣传杨季康享有著作权的私人信件。

北京市第二中级人民法院依据《民事诉讼法》（2012 年修正）关于行为保全的规定作出了禁令裁决：中贸圣佳国际拍卖有限公司在拍卖、预展及宣传等活动中不得以公开发表、展览、复制、发行、信息网络传播等方式实施侵害钱钟书、杨季康、钱瑗写给李国强的涉案书信手稿著作权的行为。裁定送达后，被申请人中贸圣佳公司随即发表声明："决定停止 2013 年 6 月 21 日'也是集——钱钟书书信手稿'的公开拍卖。"

本案是人民法院作出的首例涉及著作人格权的临时禁令，也是《民事诉讼法》（2012 年修正）实施后首例针对侵害著作权行为作出的临时禁令。同时，由于案件涉及我国已故著名作家、文学研究家钱钟书先生及我国著名作家、翻译家、外国文学研究家杨绛女士，案件处理受到了社会的广泛关注。审理法院积极合理采取保全措施，准确把握保全措施的适用条件和程序，既为权利人及时提供保护，又防止滥用诉讼权利。在社会各界对钱钟书手稿即将被大规模曝光一事高度关注的情况下，法院充分考虑了该案对于社会公共利益可能造成的影响，准确地作出了司法禁令，既有效保护了著作权人权利，又避免对拍卖公司及相关公众造成影响。该禁令将有助于推动全社会特别是收信人对于发信人著作权及隐私权的保护，彰显了司法权威，发挥了司法的社会引导功能。

06. 审查人格权侵害禁令申请，应考虑哪些因素？[①]

王某香购买了某地产公司开发的房产，房屋尚未交付。2020年5月至8月，王某香通过自己注册的自媒体公众号陆续发布了10篇涉及某地产公司的文章，文章中出现了针对某地产公司的批评性言论。2020年10月，某地产公司以王某香侵害其名誉权为由向法院提起诉讼。诉讼中，上述10篇文章被自媒体平台删除，之后王某香又通过该公众号发布多篇文章，内容主要是对其购房遭遇的描述和对房产质量的主观感受，其中包含一些情绪化用语。某地产公司于2021年1月4日向法院申请人格权侵害禁令，请求禁止王某香在自媒体平台发布侵害其名誉权的文章、言论。

广州互联网法院认为，虽然某地产公司有权依据《民法典》第979条关于人格权侵害禁令的规定，向法院提出人格权侵害禁令申请，但综合考量人格权侵害可能性、当事人利益平衡、社会公共利益等因素，某地产公司的禁令申请不符合《民法典》第979条规定的作出禁令的条件。2021年1月21日，裁定驳回某地产公司的申请。

本案被称为“人格权侵害禁令第一案”，是探索《民法典》人格权侵害禁令申请适用程序的有益尝试。本案创造性提出判断人格权侵害禁令应综合考量是否存在侵害人格权较大可能性、是否将造成难以弥补损害、是否将造成当事人利益失衡或损害社会公共利益等因素，对双方当事人合法权益进行平衡保护，是社会主义核心价值观融入司法的具体实践。

---

① 参见《广东法院贯彻实施民法典典型案例（第二批）》（2022年1月19日发布），审慎审查人格权侵害禁令申请——王某香与某地产公司等名誉权纠纷案，载广东法院网 https://www.gdcourts.gov.cn/index.php?v=show&cid=170&id=56401，最后访问日期：2023年2月27日。

关联参见

《民事诉讼法》第103条、第104条；《反家庭暴力法》第23—32条；《最高人民法院关于审理使用人脸识别技术处理个人信息相关民事案件适用法律若干问题的规定》第9条

第九百九十八条　【认定行为人承担责任时的考量因素】 认定行为人承担侵害除生命权、身体权和健康权外的人格权的民事责任，应当考虑行为人和受害人的职业、影响范围、过错程度，以及行为的目的、方式、后果等因素。

条文解读

本条是对侵害生命权、身体权、健康权以外的人格权承担民事责任的规定。人格权通常分为物质性人格权和精神性人格权，前者如生命权、身体权和健康权，后者如姓名权、名称权、肖像权、声音权、名誉权、荣誉权、隐私权和个人信息权等。由于侵害的人格权的类型不同，因此有人身损害赔偿的人格权请求权和精神损害赔偿的人格权请求权之分。行为人承担侵害除生命权、身体权和健康权以外的人格权的民事责任，就是指权利人享有的侵害精神性人格权的精神损害赔偿责任。

确定侵害精神性人格权的精神损害赔偿责任，应当考虑的因素是：（1）行为人和受害人的职业、影响范围、过错程度；（2）行为人的行为目的、方式、后果等。例如，恶意诽谤他人的侵害名誉权的行为，与记者调查事实后进行新闻报道，因过失而导致事实失实，从而侵害名誉权，虽然都是侵害名誉权的侵权行为，但是

在职业、影响范围、过错程度以及行为人的行为目的、方式和后果等方面都有不同，应当斟酌这些不同情节，确定适当的精神损害赔偿责任，而不能一概而论。

本条规定的“民事责任”实为损害赔偿责任。虽然《民法典》第179条规定，承担民事责任的方式主要有停止侵害，排除妨碍，消除危险，返还财产，恢复原状，修理、重作、更换，继续履行，赔偿损失，支付违约金，消除影响、恢复名誉，赔礼道歉。但是，停止侵害、排除妨碍、消除危险、消除影响、恢复名誉本质上都是恢复原状，不适用诉讼时效，原则上不适用本条规定。

案例指引

07. 判断受害人的经济损失，应当考虑哪些因素？[①]

2005年5月16日，赵某芝与A公司签订《形象代言协议书》，约定赵某芝允许A公司合法使用其肖像为VZI系列化妆品进行广告宣传，合约有效期为2005年7月31日至2006年7月31日，A公司支付港币80万元作为酬金等。2012年1月9日，被告B公司与被告A公司签订协议书，约定A公司确认B公司为“VZI氧疗系列产品”上海区域的独家总代理商；A公司向B公司提供品牌代言人赵某芝等六大明星为“VZI”产品制作的影响广告宣传资料；协议有效期自2012年1月9日至2013年1月8日等内容。2012年，B公司在其经营的网站上使用赵某芝的姓名、肖像等。赵某芝起诉请求两被告停止使用其姓名及肖像、公开赔礼道歉并

---

① 参见《最高人民法院发布利用信息网络侵害人身权益典型案例》（2014年10月10日发布），赵某芝与B公司、A公司侵害姓名权纠纷、肖像权纠纷案，载最高人民法院网http://gongbao.court.gov.cn/Details/b790fda5429b84cbbbe000e426e15a.html，最后访问日期：2023年2月27日。

赔偿经济损失95万元及精神抚慰金5万元。

上海市浦东区法院认为，A公司未经赵某芝同意，无权在双方协议约定期间届满后继续使用其姓名和肖像，也无权授权他人使用，两被告的行为侵犯了原告的姓名权和肖像权。原告作为影视明星，其姓名和形象在中国大陆具有较高知名度，加之原告良好的外形和在公众中所产生的良好声誉，使用其姓名和形象对相关产品进行宣传可提升该产品的影响力和可信度，对该产品的生产商或销售商亦可带来实际的利益。因此，原告的姓名和肖像具有一定的商业价值，对其姓名权和肖像权造成侵害，侵权人应当赔偿一定的经济损失。对于该数额的确定，法院认为，结合B公司在网站上使用原告姓名和肖像的时间长短、对原告造成的影响范围、其行为的过错程度等综合因素，酌情确定被告B公司应赔偿原告损失25万元，A公司承担连带责任。

使用名人的影响力提升产品或服务的知名度，是比较常用的营销手段。基于互联网技术，未经同意使用他人肖像或姓名要比过去更容易查证。本案的特点是，法院在认定受害人的经济损失时，综合考虑了被侵权人的知名度、对相关产品进行宣传可提升该产品的影响力和可信度、对该产品的生产商或销售商可带来的实际利益、使用被侵权人姓名和肖像的时间长短、对被侵权人造成的影响范围、其行为的过错程度等因素，并据此判决较高的经济损失，贯彻了通过损害赔偿制裁违法行为、提高违法行为的成本的制度功能。

关联参见

《最高人民法院关于审理使用人脸识别技术处理个人信息相关

民事案件适用法律若干问题的规定》第3条；《最高人民法院关于确定民事侵权精神损害赔偿责任若干问题的解释》第5条

第九百九十九条　【人格利益的合理使用】 为公共利益实施新闻报道、舆论监督等行为的，可以合理使用民事主体的姓名、名称、肖像、个人信息等；使用不合理侵害民事主体人格权的，应当依法承担民事责任。

条文解读

本条是对新闻报道、舆论监督合理使用他人人格要素及不当使用责任的规定。

新闻媒体是指传播信息的介质，通俗地说就是宣传的载体或平台等依法设立的从事新闻报道工作的机构，包括报社、通讯社、广播电台、电视台、杂志社、出版社、互联网信息服务提供者、移动互联网信息服务提供者等。

合理使用的构成要件 ➔ 在实施新闻报道、舆论监督中，因正当事由合理使用他人人格要素的行为，不构成侵害人格权。其要件是：(1) 具有的正当事由是为公共利益实施新闻报道、舆论监督等行为；(2) 使用的是民事主体的姓名、名称、肖像、个人信息等人格要素；(3) 须符合正当使用的范围，即为实施新闻报道、舆论监督的目的，不得超出该范围。符合上述要件要求的，使用人对他人人格要素的使用，为正当使用行为，不承担民事责任。例如对新闻事件中人物的肖像进行报道，不构成侵害肖像权，因为其具有新闻性。

合理使用的限度 ➔ 从司法实践来看，绝大部分的媒体侵权侵害的是名誉权。新闻媒体侵害名誉权的抗辩事由主要是以下两个方面：一是事实方面，要满足基本属实；二是意见表达方面，要满足公正评论。新闻媒体侵害隐私权、肖像权、姓名权、个人信息的抗辩事由主要有：一是公共利益，新闻报道的目的主要是行使舆论监督权；二是公众人物，即在公众领域具有很大影响的人物。公众人物在一定的场合，其人格权主要是肖像权、隐私权受到适当限制。

关联参见

《宪法》第35条、第41条；《民法典》第1020条、第1025条、第1026条、第1036条、第1039条

第一千条 【消除影响、恢复名誉、赔礼道歉责任方式】

行为人因侵害人格权承担消除影响、恢复名誉、赔礼道歉等民事责任的，应当与行为的具体方式和造成的影响范围相当。

行为人拒不承担前款规定的民事责任的，人民法院可以采取在报刊、网络等媒体上发布公告或者公布生效裁判文书等方式执行，产生的费用由行为人负担。

条文解读

本条是对侵害人格权承担消除影响、恢复名誉、赔礼道歉责任方法的规定。与人格权请求权相对应的是民事责任，包括消除影响、恢复名誉、赔礼道歉等，都是人格权请求权的内容。这里提到的几种民事责任，也都是精神性的民事责任。当精神性人格权受到侵害后，救济该种精神损害的民事责任，就是侵害精神性

人格权请求权的具体内容。

确定消除影响、恢复名誉、赔礼道歉等精神性民事责任方式的具体方法，一是应当与行为的具体方式相当，二是应当与行为造成的影响范围相当。前者要求承担消除影响、恢复名誉、赔礼道歉责任，与行为人的行为方式相适应，例如造成恶劣影响的应当消除影响、造成名誉损害的应当恢复名誉，同时，在互联网上造成的损害，不能要求到传统媒体上消除影响。后者要求与行为造成的影响范围相当，不能扩大范围进行消除影响等，例如在本地报刊上进行诽谤，不能责令行为人在全国性传统媒体上进行消除影响等。不相适应的消除影响、恢复名誉、赔礼道歉会扩大损害后果，给受害人的人格权益造成新的侵害。

实务应用

06. 判决生效后，行为人拒不消除影响、恢复名誉、赔礼道歉的，法院应当如何执行？

行为人拒不承担消除影响、恢复名誉、赔礼道歉的民事责任的，执行的方式是在报刊、网络等媒体上发布公告或者公布生效裁判文书等。虽然裁判文书按照现有规定都需要公开，但这种一般性的公开并不等同于《民法典》第 1000 条第 2 款规定的为消除影响而在特定范围内的公告或者公布生效裁判文书。发布公告，可以是受害人发表谴责公告或者法院发布判决情况的公告，但一般不采取受害人或者法院以被告名义拟定道歉启事并予以公布这种道歉广告或者道歉启事的方式。公布裁判文书，可以是全部公布，也可以是摘要公布。在报刊、网络等媒体上公布，应当是法院所指定的特定媒体，也包括以书面形式在特定范围内张贴等方式。但是，在报刊、网络等媒体上发布公告或者公布生效裁判文书仅仅是执行的例示方式，除了此种方式之外，还有一个“等”字，以涵盖其他执行方式，人民法院可以根据案件的具体情况，采取合理的其他执行方式。最后，人民法院是“可以”而非“应当”采取。鉴于侵害人格权的情形较为复杂，有时发布公告或者公布裁判文书可能会导致后续的损害，因此赋予人民法院根据情况加以酌定处理的权力成为必要。如果人民法院经过审理认为，侵权行为已经停止，且相关侵权信息已经删除，此时人民法院再行发布公告或者公布裁判文书，则有可能进一步将侵权结果扩大。此时，人民法院可以征询被侵权人的意见，在被侵权人不同意的情况下，人民法院也可以不采取发布公告或者公布裁判文书的方式执行，而是通过其他方式予以执行。

案例指引

08. 擅自将英烈姓名用于商业用途，应当承担何种责任？①

某网络科技公司为电商企业提供信息中介、资源共享平台，将付费会员称为“雷锋会员”、平台称为“雷锋社群”、微信公众号称为“雷锋哥”并发布有“雷锋会员”等文字的宣传海报和文章，在公司住所地悬挂“雷锋社群”文字标识等。该公司以“雷锋社群”名义多次举办“创业广交会”“电商供应链大会”等商业活动，并以“雷锋社群会费”等名目收取客户费用共计30万余元。浙江省杭州市上城区人民检察院提起民事公益诉讼，要求某

① 参见《涉英烈权益保护十大典型案例》（2022年12月8日发布），某网络科技公司侵害英雄烈士姓名民事公益诉讼案——擅自将英烈姓名用于商业用途，侵害英雄烈士人格利益和社会公共利益，载最高人民法院网 https：//www.court.gov.cn/zixun-xiangqing-382301.html，最后访问日期：2023年2月27日。

网络科技公司立即停止在经营项目中以雷锋名义进行的宣传，并在浙江省省级媒体赔礼道歉。

杭州互联网法院认为，某网络科技公司使用的“雷锋”文字确系社会公众所广泛认知的雷锋同志之姓名，其明知雷锋同志的姓名具有特定意义，仍擅自用于开展网络商业宣传，构成对雷锋同志姓名的侵害，同时损害社会公共利益，依法应当承担法律责任。判决某网络科技公司停止使用雷锋同志姓名的行为，并在浙江省省级报刊向社会公众发表赔礼道歉声明。

本案是《民法典》实施后首例保护英烈姓名的民事公益诉讼案件。依据其中第185条、第1000条规定，侵害英雄烈士等的姓名、肖像、名誉、荣誉，损害社会公共利益的，应当承担消除影响、恢复名誉、赔礼道歉等民事责任，且应当与行为的具体方式和造成的影响范围相当。雷锋同志的姓名不仅作为一种重要的人格利益受法律保护，还涉及社会公共利益。本案裁判明确，将雷锋同志的姓名用于商业广告和营利宣传的行为，侵害英雄烈士人格利益；同时，将商业运作模式假“雷锋精神”之名推广，既曲解雷锋精神，与社会公众的一般认知相背离，也损害承载于其上人民群众的特定感情，损害社会公共利益。本案通过司法手段，为网络空间注入缅怀英烈、敬仰英烈的法治正能量。

关联参见

《民事诉讼法》第259条、第261条；《最高人民法院关于适用〈中华人民共和国民事诉讼法〉的解释》第503条、第504条

第一千零一条　【自然人身份权利保护参照】 对自然人因婚姻家庭关系等产生的身份权利的保护，适用本法第一编、第五编和其他法律的相关规定；没有规定的，可以根据其性质参照适用本编人格权保护的有关规定。

条文解读

身份权利 身份权利是自然人基于婚姻家庭关系等产生的相互之间享有的人身和财产方面的权利，对外具有排他性支配权，其发生原因为结婚、收养、血缘等，其消灭原因为离婚、解除收养、血缘排除等。从《民法典》规定来看，亲权、配偶权、亲属权为典型的身份权。著作人身权不宜作为我国身份权的类型，荣誉权已经明确为人格权，也不宜作为身份权，婚姻自主权在体例上与其他人格权共同规定，与身份权分开规定，应认定为具体人格权。

亲权 亲权是父母基于其身份，对于未成年子女以教养保护为目的的权利义务的集合，包括人身和财产两方面的抚养、教育和保护等内容。配偶权基于结婚而取得。达到法定婚龄的男女双方，依法登记结婚后，双方互相取得配偶权。亲属权是（外）祖父母与（外）孙子女，兄弟姐妹，父母与成年子女之间基于身份关系而产生的法定权利。

法律之所以允许身份权参照适用人格权编的相关规定，是因为二者具有很高的共性，故而在权利保护方面形成了许多共通规则，参照适用可以提高对身份权的保护程度，同时增强《民法典》各个分编之间的体系关联。具体言之，人格权和人身权具有如下共同之处：首先，在某种意义上，身份权派生于人格权。现代的身份权是一种私权，是建立在人格独立的基础之上的，是从身份到契约又到身份演化而来的一种身份权。如果没有对人格平等、人格独立、人格尊严的重视，身份权则仍然集中于夫权、父权，没有现代意义上的配偶权。其次，人格权和身份权共同构成人身权，它们都与民事主体自身具有密切关联，属于专属性权利，原则上应当共同适用《民法典》第992条不能放弃、转让和继承的规定。再次，二者同属绝对权，民事主体可以自主行使权利，排除他人的干涉，并受到排除妨害、消除危险等绝对权请求权的保护，不受诉讼时效的限制。最后，二者都是非财产性权利，具有强烈的伦理道德色彩。也就是说，不同于法律对于财产权利所采取的自由态度，身份权和人格权都会受到法律的强制性保护，民事主体所享有的自由也相对较少。在行使身份权和人格权的过程中，一旦民事主体违反法律规定，便很有可能面临法律行为无效的后果。

实务应用

07. 丈夫因工伤造成性功能障碍，妻子能否主张损害赔偿？[①]

甲在乙等人合伙开办的矿场工作，工种为大转打掘进。甲下班后受乙等人指示乘坐矿斗车从井下返回地面，因矿斗车脱轨，甲从矿斗车车斗里摔出受伤。后经鉴定，甲的损伤情况对性生活有影响。甲的妻子丙主张乙等人赔偿精神损害抚慰金10万元。乙认为丙不是赔偿权利人，拒绝赔偿。

婚姻是男女双方以永久共同生活为目的，以夫妻的权利义务

① 参见龙卫球主编：《中华人民共和国民法典人格权编与侵权责任编释义》，中国法制出版社2021年版，第37页。

为内容的合法结合，在婚姻关系中，配偶双方有与对方进行性生活的权利和义务。丙作为已婚妇女，与丈夫正常的性行为是其应有的权利，且该权利属于人格权范畴。丙由于丈夫受到损害，造成性功能障碍，鉴定机关的鉴定意见可以证实丙的该权利受到侵害，丙有权获得赔偿。

关联参见

《未成年人保护法》第二章；《预防未成年人犯罪法》第二章；《妇女权益保障法》第三章；《反家庭暴力法》第四章；《老年人权益保障法》第二章；《治安管理处罚法》第45条

第二章　生命权、身体权和健康权

第一千零二条　【生命权】自然人享有生命权。自然人的生命安全和生命尊严受法律保护。任何组织或者个人不得侵害他人的生命权。

条文解读

生命权 ➲ 生命权是以自然人的生命安全和生命尊严为客体的人格权。生命权包括：（1）生命享有权。每个人都是自己生命权的享有者。（2）生命维护权。对于侵害生命权的行为，自然人有权予以维护，维护的方式可以是自力救济，也可以是请求官方救济。（3）生命支配权。生命支配权主要体现在生命尊严方面。生命尊严既包括生得有尊严，也包括死得有尊严。（4）生命保护请求权。生命保护请求权的对象不限于司法机关，还包括行政机关、负有法定救助义务的组织或个人等。

侵害生命权的救济 当有非法侵害生命的行为和危害生命危险发生时，自然人有权请求停止侵害，并采取相应的措施排除妨碍。根据《民法典》第1179条的规定，侵害他人造成死亡的，不仅应当赔偿医疗费、护理费、交通费、营养费、住院伙食补助费等为治疗和康复支出的合理费用以及因误工减少的收入，还应当赔偿丧葬费和死亡赔偿金。而生命权的受害人因侵权行为致死导致其民事主体资格丧失，无法进行基于民法规定的请求权基础进行自我救济，此时将被侵权人死亡情况下的赔偿请求权人分为两种情况：经济损失赔偿由死者近亲属、被抚养人和丧葬费支付人主张；精神损害赔偿由死者的近亲属主张，亲人的生离死别致使近亲属的精神遭受巨大创伤，故有权请求加害人支付精神损害抚慰金。

关联参见

《治安管理处罚法》第45条；《国家赔偿法》第34条；《最高人民法院关于审理人身损害赔偿案件适用法律若干问题的解释》第15条

第一千零三条　【身体权】自然人享有身体权。自然人的身体完整和行动自由受法律保护。任何组织或者个人不得侵害他人的身体权。

条文解读

身体权 身体权，是自然人享有的维护其身体组成部分完整，并支配其肢体、器官和身体组织的具体人格权。身体是指自然人

（不是其他动物）的身体，即自然人的生理组织的整体，由头颅、肢体、器官、其他组织以及附属部分（如毛发、指甲）所构成的一个整体。法律意义上的身体强调了完整性、完全性、自由性。

身体权的内容包括：（1）维护身体的完整性，任何人不得破坏自然人的身体完整性。（2）支配自己身体的组成部分，包括对肢体、器官、身体其他组成部分的支配权，其前提是不得妨碍自己的生命和健康。

身体权和健康权的区别 ➲（1）身体权保护的是身体完整和身体自由，而健康权保护的是身心健康。（2）身体权保护的目的是维护自然人身体组织的完整性、完全性、自由性，健康权保护的目的是维护自然人身体功能的完善性。只要对人体的功能造成了损害，那么就构成了对健康权的损害。比如，过失导致别人的眼睛失明等。（3）身体权一定程度体现了自然人对自己身体组成部分的支配性，而健康权则没有明显的支配性质。比如说，将自己的长发全部剃光的行为，体现了权利人对自己身体的支配。遵循自己意志自主行动，也体现了支配性。

实务应用

08. 未经家长同意给未成年人文身，文身店主是否应当承担侵权责任？①

15 岁的甲多次到乙开设的文身店进行大面积文身。甲的父母发现其文身后，为避免对甲办理入学造成影响，带甲到某医疗美容医院签订协议并进行文身清洗，共花费 18000 元。甲的父母主张

① 参见龙卫球主编：《中华人民共和国民法典人格权编与侵权责任编释义》，中国法制出版社 2021 年版，第 45 页。

乙对甲进行文身的行为构成侵权，要求乙承担赔偿责任。

自然人之皮肤系其身体的组成部分，文身是对人体皮肤进行侵入、改造的行为，因此文身所涉及的是身体的完整性以及自然人自由支配身体组织的权利。年仅15岁的未成年人，以其年龄和智力尚不能清楚判断文身对自己身体和人格利益带来的损害和影响，该行为不属于可以独立实施纯获利益的民事行为或者与其智力状况相适应的民事行为。乙作为从事文身的经营者，理应知道文身直接构成对身体的侵害、改造，在未确认甲系未成年人且未取得其法定代理人同意的情况下，即对甲进行文身，是侵害甲身体权的行为，存在重大过错，应承担侵权责任。同时，甲的监护人没有尽到应尽的监护管理义务，没有及时发现和制止甲的行为，对损害的发生也有过错，应适当减轻侵权人乙的责任。

关联参见

《人类辅助生殖技术管理办法》第3条第2款；《精神卫生法》第28条；《治安管理处罚法》第43条；《国家赔偿法》第33条；《妇女权益保障法》第21条

第一千零四条　【健康权】自然人享有健康权。自然人的身心健康受法律保护。任何组织或者个人不得侵害他人的健康权。

条文解读

健康权➡健康权，是指自然人以自己的机体生理机能的正常运作和功能的完善发挥，维持人体生命活动的利益为内容的具体人格权。

健康权的客体是健康。健康，是指维持人体生命活动的生理机能的正常运作和功能的完善发挥，这两个要素协调一致发挥作用，达到维持人体生命活动的最终目的。

健康权包括两个层面的内容：一是自然人保持自己身体和心理健康的权利。在生理机能、功能出现不正常状况时，有请求医疗、接受医治的权利，使健康状态恢复到原有状态。二是自然人健康遭受不法侵害时，享有受法律保护的请求权。侵害他人健康权，致健康状况受到损害，受害人有权依法请求加害人承担相应的民事责任，情节严重构成犯罪的，将依法追究加害人的刑事责任。

在一定程度上，健康权权利人可以适当处理自己的健康利益，前提是不违反法律和公序良俗以及不严重损害自身健康。例如，允许自然人参加人体试验、器官捐献此类可能对自身健康带来风险的活动，尊重和保护自然人的自我决定权，但同时基于社会公共利益和伦理要求，对这类活动的开展制定了基本原则。又如，订立以将健康毫无意义地置于危险状态为内容的合同，应当认定为无效。

实务应用

09. 刑事案件受害人因犯罪行为受到身体伤害，另行提起民事侵权诉讼的，残疾赔偿金是否属于物质损失的范畴？[①]

刑事案件的受害人因犯罪行为受到身体伤害，未提起刑事附

① 参见《尹瑞军诉颜礼奎健康权、身体权纠纷案》，载《最高人民法院公报》2019年第3期。

带民事诉讼，而是另行提起民事侵权诉讼的，关于残疾赔偿金是否属于物质损失范畴的问题，《刑事诉讼法》及司法解释没有明确规定。刑事案件受害人因犯罪行为造成残疾的，今后的生活和工作必然受到影响，导致劳动能力下降，造成生活成本增加，进而变相减少物质收入，故残疾赔偿金应属于物质损失的范畴，应予赔偿。

关联参见

《精神卫生法》第27条、第83条；《妇女权益保障法》第21条、第65条；《未成年人保护法》第21条、第35条

第一千零五条　【法定救助义务】自然人的生命权、身体权、健康权受到侵害或者处于其他危难情形的，负有法定救助义务的组织或者个人应当及时施救。

条文解读

本条规定的法定救助义务保护的范围限于生命权、身体权、健康权，其他人格权不在此限。

特定救护义务的类型 ➲ 特定救护义务的类型具体包括：(1) 特殊职业的法定救助义务。根据《人民警察法》第21条、《人民武装警察法》第28条、《医师法》第27条、《消防法》第44条等规定，人民警察、武装警察、医师、消防队具有法定的救助义务。(2) 合同附随的救助义务。与人身安全密切相关的合同，合同当事人需要承担相应的救助义务。有的时候，这类救助义务会在法律法规中明确规定，体现了意定性和法定性的结合。比如，

《民法典》第 822 条、第 823 条规定了客运合同承运人的救助义务。再如,《船员条例》第 16 条、第 18 条规定船员、船长的救助义务。(3)法定安全保障义务。公共场所的管理人或者群众性活动的组织者,未尽到安全保障义务,造成他人损害的,应当承担侵权责任。(4)先行行为的救助义务。先行行为导致行为人承担作为义务,这为民法和刑法所共同承认。如,结伴野外游泳的参与者负有互相照顾、救助义务。共同饮酒发生致人损害后果,共饮人没有尽到合理注意义务的,应当承担侵权损害赔偿责任。一方先行的侵权行为诱发了另一方采取一定危险行为并导致损害发生,虽然先行侵权行为并未直接导致最终损害,但若先行的侵权行为与最终损害之间存在相当因果关系,则也应当认定侵权人的责任成立。(5)特殊身份关系人的救助义务。特殊身份关系衍生了扶持、救助等义务,一是监护人的救助义务,二是亲属的救助义务。

实务应用

10. 人民警察对面临人身危险的犯罪嫌疑人是否负有救助义务?

人民警察基于其身份特殊性,在公民人身、财产安全受到侵犯或陷入其他危难情形时,负有法律上的救助义务。在警察履行法定职责过程中,因追捕的正当职务行为导致犯罪嫌疑人面临人身危险时,其与嫌疑人之间即产生一种法律上的救助与被救助关系,若警察未采取任何救助措施,则属于行政法上不履行法定职责的情形。然而,判断警察是否履行了救助义务,不能仅以其是否成功阻止损害的发生为依据,而应综合具体案情,采用主客观相结合的标准,对其是否履行了救助义务进行认定。

11. 共同饮酒发生致人损害后果，共饮人没有尽到合理注意义务的，是否应当承担损害赔偿责任？

甲与乙、丙共同饮酒，其间三人共饮白酒近三斤。甲回家途中下楼梯时不慎摔倒，共同饮酒人将其送回家中。次日甲被发现意识存在障碍，呼之无应答，伴呕吐，经抢救无效死亡，死亡原因被确定为外伤后重度颅脑损伤。

饮酒本身也是一种带有危险性的活动，共同饮酒开启了这种危险活动，共同参与饮酒者就应对共同危险行为承担防范的义务，即同饮者相互间负有规劝、提醒、照顾的义务，如果共同饮酒人未尽上述义务，则应当视为一种不作为的侵权行为，应承担相应法律后果。作为完全民事行为能力人的甲应当预见到过量饮酒的危害后果并应对自身行为加以控制，但其仍然过量饮酒，酒后对自身安全疏忽大意，导致其不慎摔伤后死亡，甲本人应承担主要责任；共同饮酒人未尽到提醒、劝阻义务以及饮酒后的护送、通知、照顾义务，存在一定的过错；共同饮酒人明知甲过量饮酒，行为不能自控，而疏于防范，致使甲摔倒，且未及时将甲摔倒的情况告知其家人，导致甲最终因外伤后重度颅脑损伤死亡，存在一定的过错。因此，共同饮酒人对损害结果的发生应承担相应的民事赔偿责任。

关联参见

《海商法》第 174 条；《道路交通安全法》第 70 条；《医师法》第 27 条；《人民警察法》第 21 条；《人民武装警察法》第 28 条；《消防法》第 5 条、第 44 条；《消费者权益保护法》第 18 条第 2 款

第一千零六条　【人体捐献】 完全民事行为能力人有权依法自主决定无偿捐献其人体细胞、人体组织、人体器官、遗体。任何组织或者个人不得强迫、欺骗、利诱其捐献。

完全民事行为能力人依据前款规定同意捐献的，应当采用书面形式，也可以订立遗嘱。

自然人生前未表示不同意捐献的，该自然人死亡后，其配偶、成年子女、父母可以共同决定捐献，决定捐献应当采用书面形式。

条文解读

本条是对自然人捐献人体组成部分及方式的规定。

人体捐献 人体细胞捐献，是指将身体内有活力的细胞群捐献出去，例如造血干细胞、精子、卵子等的捐献。人体组织捐献，是指将身体的部分组织捐献出去，包括皮肤、角膜、骨骼、肌腱、血管、骨髓、神经等的捐献。人体器官捐献，是指将身体的某个仍然保持活力的器官捐献出去，包括心脏、肺脏、肝脏、肾脏或者胰腺等的捐献。我国《人体器官移植条例》第 2 条第 1 款就区分了人体细胞捐献、角膜和骨髓等人体组织的捐献以及人体器官的捐献。世界卫生组织人体细胞、组织和器官移植指导原则也作出了同样的区分。遗体的捐献是指将自然人的遗体捐献出去。

捐献主体 关于捐献主体，需要注意以下几点：（1）结合《人体器官移植条例》第 9 条，必须是完全民事行为能力人，未满 18 周岁的公民（包括 16 周岁以上的以自己的劳动收入为主要生活来源的未成年人）不在此限。（2）精神病人等限制民事行为能力的成年人也不可以实施捐献行为。假设同胞兄弟姐妹中，哥哥为精神病人，弟弟需要肾脏，哥哥不能实施捐献行为。（3）死后捐献由配偶、成年子女、父母共同决定。一是死后捐献不需要死者有明确的捐献意思表示，只要不反对即可。二是未成年子女不能决定捐献。按照《民法典》的规定，法定继承的第一顺位是配偶、子女、父母，第二顺位是兄弟姐妹、祖父母、外祖父母。从本条规定来看，死后捐献的主体比第一顺位继承人范围还窄。三是死者配偶、成年子女、父母故意杀害死者的，应适用《民法典》总则编有关公序良俗等规定，否认其享有决定捐献权。

实务应用

12. 生前未表示不同意捐献器官，去世后其近亲属能否代为决定捐献？

有权决定捐献的主体是死者的配偶、成年子女和父母，决定捐献者必须具备完全的民事行为能力；死者没有配偶、成年子女或者父母也已经死亡的，其他近亲属等都不能决定捐献。实践中，即使死者生前同意，摘取器官通常也要征得近亲属的同意，死者生前未表示不同意捐献的，死者的配偶、成年子女和父母中任何一人不同意捐献的，都不能捐献。

关联参见

《献血法》第2条、第9条；《人体器官移植条例》第7—10条

第一千零七条　【禁止买卖人体细胞、组织、器官和遗体】

禁止以任何形式买卖人体细胞、人体组织、人体器官、遗体。

违反前款规定的买卖行为无效。

条文解读

本条是对禁止买卖人体组成部分的规定。任何人体细胞、人体组织、人体器官以及遗体，都是人的身体的组成部分或者人的身体的变异物，都不是交易的对象。出于救助他人的高尚目的，自然人可以将自己的身体组成部分或者遗体捐献给他人或者公益组织，但这不是买卖。进行人体细胞、人体组织、人体器官或者遗体的买卖行为，是违法行为。任何买卖人体细胞、人体组织、人体器官以及遗体的行为，都是无效的行为，都在被禁止之列。

此外，需要将人体买卖和依据法律规定对捐赠人或者其近亲属的补偿或者救助、各种成本的补偿区分开。《献血法》第 14 条规定："公民临床用血时只交付用于血液的采集、储存、分离、检验等费用；具体收费标准由国务院卫生行政部门会同国务院价格主管部门制定。无偿献血者临床需要用血时，免交前款规定的费用；无偿献血者的配偶和直系亲属临床需要用血时，可以按照省、自治区、直辖市人民政府的规定免交或者减交前款规定的费用。"为防止人体买卖的其他管理性规则，例如移植的程序性规则、分配的具体规则等，由其他特别法具体规定。

实务应用

13. 换肾后半年内死亡，支付的肾源费是否有权主张医院返还？[①]

甲因尿毒症至医院行同种异体肾移植术，术后出现移植肾功能延迟恢复情况，半年内死亡。甲的妻子称，甲在进行肾移植前

① 参见龙卫球主编：《中华人民共和国民法典人格权编与侵权责任编释义》，中国法制出版社 2021 年版，第 58 页。

向医院支付了肾源费35万元，后医院退回14万元，现要求返还剩余的21万元肾源费并支付相应利息。医院表示，医院已经向甲的家属告知要获得肾源进行肾脏移植需向供体提供部分经济补偿，甲的家属表示同意并自愿将相应金额交付医院。医院在收到相应费用后为甲寻找到肾源、进行了肾脏移植手术，并将多余金额返还给了甲用于支付住院押金、器官保存等费用。

我国现行的器官移植法律制度倡导自愿、无偿的器官捐献原则，明令禁止器官买卖，但并未禁止接受器官一方对供体家属自行进行补助。故可以认定医院已经完成了自己应尽的义务，甲的妻子要求返还肾源费并支付相应利息的主张于法无据。

关联参见

《刑法》第234条之一；《献血法》第11条、第14条；《人体器官移植条例》

第一千零八条　【人体临床试验】 为研制新药、医疗器械或者发展新的预防和治疗方法，需要进行临床试验的，应当依法经相关主管部门批准并经伦理委员会审查同意，向受试者或者受试者的监护人告知试验目的、用途和可能产生的风险等详细情况，并经其书面同意。

进行临床试验的，不得向受试者收取试验费用。

条文解读

临床试验 临床试验，又称为人体试验，是指在病人或健康志愿者等受试者的人体上进行系统性研究，以了解新药、医疗器械或者发展新的预防和治疗方法的疗效与安全性。为研制新药、医疗器械或者发展新的预防和治疗方法，在研发阶段时，通常会先进行动物试验，动物试验通过之后再进行人体试验。人体试验是确保其有效性和安全性必不可少的环节，对促进医疗科研事业的发展意义重大，因此，允许开展人体试验活动是必要的。

临床试验的范围：(1) 研制新药；(2) 研制新的医疗器械；(3) 发展新的预防方法；(4) 发展新的治疗方法。超出这个范围进行的临床试验，都是违法的，都是侵害受试者的身体权、健康权的行为。

临床试验的程序：(1) 依法经过相关主管部门的批准；(2) 经过医疗机构的伦理委员会审查同意；(3) 须向受试者或者其监护人履行告知义务，告知的内容是试验目的、用途和可能发生的风险等，告知的要求是详细；(4) 接受临床试验者须有书面同意，口头同意不发生效力，以避免日后发生纠纷。

受试者的知情同意权 ➲ 受试者的知情同意权是与临床试验固有风险联系在一起的，受试者有权知晓自己准备参与的试验的各种信息，是因为临床试验本身具有高风险性，用于试验的药品、医疗设备或治疗技术等都尚未投入临床应用，副作用、不良反应等都未得到确认。因此，临床试验的申办者和研究者必须遵循"告知后同意"原则。受试者的知情同意权是临床试验的核心之一，其内容包括知情权和同意权两个部分。

实务应用

14. 进行人体试验前，应当考虑哪些因素？

在进行人体试验前，必须周密考虑该试验的目的及要解决的问题，应权衡对受试者和公众健康预期的受益及风险，预期的受益应超过可能出现的损害。选择临床试验方法必须符合科学和伦理要求。药物临床试验是指任何在人体（病人或健康志愿者）进行的药物的系统性研究，以证实或发现试验药物的临床、药理或其他药效学方面的作用、不良反应或吸收、分布、代谢及排泄，目的是确定试验药物的安全性和有效性。

关联参见

《医师法》第25条、第26条、第29条、第30条；《药品管理法》第21条、第23条；《涉及人的生物医学研究伦理审查办法》第4条、第5条、第7条、第11—13条

第一千零九条　【从事人体基因、胚胎等医学和科研活动的法定限制】 从事与人体基因、人体胚胎等有关的医学和科研活动，应当遵守法律、行政法规和国家有关规定，不得危害人体健康，不得违背伦理道德，不得损害公共利益。

条文解读

本条是对从事与人体基因、人体胚胎有关的医学和科研活动须依法进行的规定。

人体基因 ➲ 人体基因，是DNA分子上携带有遗传信息的功能片段，是生物传递遗传信息的物质。研究人体基因，就是通过体液、血液检测，经提取和扩增其基因信息后，通过基因芯片技术或超高通量SNP分型技术，对被检测者细胞中的DNA分子的基因信息进行检测，使人们能及时了解自己的基因信息，预测身体患

病的风险。

人体胚胎 ➜ 人体胚胎是指从受精至第八周末的发育时期，即胚前期和胚期的胚胎。《人胚胎干细胞研究伦理指导原则》第4条规定："禁止进行生殖性克隆人的任何研究。"第6条规定："进行人胚胎干细胞研究，必须遵守以下行为规范：（一）利用体外受精、体细胞核移植、单性复制技术或遗传修饰获得的囊胚，其体外培养期限自受精或核移植开始不得超过14天。（二）不得将前款中获得的已用于研究的人囊胚植入人或任何其它动物的生殖系统。（三）不得将人的生殖细胞与其他物种的生殖细胞结合。"第7条规定："禁止买卖人类配子、受精卵、胚胎或胎儿组织。"

本条规定人体胚胎的一个重要意义是在司法实践中出现的人体冷冻胚胎权属争议的案件，对人体冷冻胚胎的民法属性不明确。有了本条规定，尽管仍然没有规定其具体的属性，但是法律对此作出了规定，就可以以此作为法律依据，对权属争议进行判决。

实务应用

15. 对人类生殖细胞进行生育目的的基因编辑是否合法？[①]

甲等人（未取得医生执业资格）得知人类胚胎基因编辑技术可获得商业利益，在明知违反国家有关规定和医学伦理的情况下，仍以通过编辑人类胚胎CCR5基因可以生育免疫艾滋病的婴儿为名，将安全性、有效性未经严格验证的人类胚胎基因编辑技术用于辅助生殖医疗。甲等人伪造伦理审查材料，招募男方为艾滋病

---

① 参见《"基因编辑婴儿案"贺建奎因非法行医罪被判三年》，载中国法院网https://www.chinacourt.org/article/detail/2019/12/id/4750322.shtml，最后访问日期：2023年3月20日。

病毒感染者的多对夫妇实施基因编辑及辅助生殖，以冒名顶替、隐瞒真相的方式，由不知情的医生将基因编辑过的胚胎通过辅助生殖技术移植入人体内，致使2人怀孕，先后生下3名基因编辑婴儿。

受科学和技术干预操纵的医学科研活动不得侵犯某一个人的人权、基本自由或尊严，必须坚持个人利益和社会福祉高于单纯的科学利益的原则。禁止基于个人遗传特征的歧视，禁止对自然状态下的人类基因组或者胚胎进行商业化利用，以减少物化人格的危机。甲等人未取得医生执业资格，追名逐利，故意违反国家有关科研和医疗管理规定，逾越科研和医学伦理道德底线，贸然将基因编辑技术应用于人类辅助生殖医疗，扰乱医疗管理秩序，情节严重，其行为已构成非法行医罪。

案例指引

09. 为丧偶妇女实施辅助生殖术，是否违背伦理道德？[①]

2020年，邹某玲与丈夫陈某平因生育障碍问题，为实施试管婴儿辅助生育手术到被告湖南省某医院处进行助孕治疗，并于2020年10月1日签署了《助孕治疗情况及配子、胚胎处理知情同意书》等材料。因邹某玲的身体原因暂不宜实施胚胎移植手术，被告对符合冷冻条件的4枚胚胎于当日进行冷冻保存。2021年5月29日，陈某平死亡。后邹某玲要求被告继续为其实施胚胎移植手术，但被告以不能够为单身妇女实施辅助生殖术为由拒绝。

---

① 参见《人民法院贯彻实施民法典典型案例（第二批）》（2023年1月12日发布），邹某玲诉某医院医疗服务合同纠纷案，载最高人民法院网 https：//www. court. gov. cn/zixun-xiangqing-386521. html，最后访问日期：2023年2月27日。

生效裁判认为，有关行政规范性文件规定“禁止给单身妇女实施人类辅助生殖技术”，但原告是否属于条文中的“单身妇女”需要结合规范目的及本案的案情综合看待。“单身妇女”应当指未有配偶者到医院实施人类辅助生殖技术的情形，原告是已实施完胚胎培育后丧偶的妇女，与上述规定所指实施胚胎移植手术的单身妇女有本质区别。目前对于丧偶妇女要求继续移植与丈夫已受精完成的胚胎进行生育，法律并无禁止性规定。原告欲继续实施人类辅助生殖，既是为了寄托对丈夫的哀思，也是为人母的责任与担当的体现，符合人之常情和社会公众一般认知，不违背公序良俗。故判决湖南省某医院继续履行与原告的医疗服务合同。

本案是依照《民法典》和《妇女权益保障法》相关规定的精神，保护丧偶妇女辅助生育权益的典型案例。审理法院结合案情和《人类辅助生殖技术规范》《人类辅助生殖技术和人类精子库伦理原则》有关“禁止给单身妇女实施人类辅助生殖技术”的规范目的，依法认定本案原告丧偶后与上述规定中的“单身妇女”有本质不同，从而确认了“丧偶妇女”继续实施人类辅助生殖技术的正当性。本案是依法保护女性生育权益的具体实践，体现了司法对妇女合法权益的有效维护，具有积极的导向意义。

关联参见

《人口与计划生育法》第39条；《人类遗传资源管理条例》第2条、第7—10条、第12条；《人胚胎干细胞研究伦理指导原则》第4条、第6—8条；《基因工程安全管理办法》第2条、第3条、第30条

第一千零一十条　【性骚扰】 违背他人意愿，以言语、文字、图像、肢体行为等方式对他人实施性骚扰的，受害人有权依法请求行为人承担民事责任。

机关、企业、学校等单位应当采取合理的预防、受理投诉、调查处置等措施，防止和制止利用职权、从属关系等实施性骚扰。

条文解读

本条是对自然人享有性自主权和规制性骚扰行为的规定。本条直接规定的是对性骚扰行为的规制办法，但是其中包含着性自主权。本条保护主体不限于女性，男女都是本条保护的对象。

本条第 1 款规定的是权利保护主义的规则，第 2 款暗含的是职场保护主义的规则，但只规定了机关、企业、学校等单位的职场责任，即在工作场所采取合理的预防、受理投诉、调查处置等措施，防止和制止对职场工作人员进行性骚扰。

性自主权 ➲ 性自主权是自然人依照自己的意志支配其性利益的具体人格权。未成年人尚未性成熟，不能行使性自主权，自 18 周岁起，方可行使该权利，支配自己的性利益。性自主权不是身体权的组成部分，而是独立的具体人格权。

性骚扰行为 ➲ 性骚扰行为，是行为人违背权利人的意志，实施性交之外的侵害权利人性自主权的行为。侵害的形式主要是文字、图像、电子信息等言语或者行为，如强奸、欺诈诱使同居或发生性行为、强迫他人卖淫、猥亵、提出不受欢迎的性要求或者性提议等。为了更好地保护被骚扰人的利益，不需要被骚扰人以言词反对，侵害人如果发送含有性信息的短消息、图片等，即使被骚扰人没有明确反对，也可以认定构成性骚扰。

性骚扰的构成要件 ➔ 性骚扰一般包括以下条件：（1）性骚扰中受害人是所有的自然人。（2）行为与性有关。行为人具有性意图，以获取性方面的生理或者心理满足为目的。（3）性骚扰构成的核心是违背他人意愿。性骚扰与两相情愿的调情、约会等区分，是因为此类行为违背了他人意愿。（4）行为一般具有明确的针对性。性骚扰行为所针对的对象一般是具体的、明确的。（5）行为人主观上一般是故意的。在公共汽车、地铁等场所，因为紧急刹车、拥挤等原因过失地接触他人身体甚至敏感部位等行为，不构成性骚扰。因错写手机号码或者邮件地址，将包含两性内容的短信或邮件误发他人，也不构成性骚扰。

案例指引

10. 管理人员对被性骚扰员工的投诉未采取合理措施进行处置，是否构成严重违反规章制度？[①]

郑某诉霍尼韦尔自动化控制（中国）有限公司劳动合同纠纷案

（最高人民法院审判委员会讨论通过 2022年7月4日发布）

关键词 民事/劳动合同/解除劳动合同/性骚扰/规章制度

裁判要点

用人单位的管理人员对被性骚扰员工的投诉，应采取合理措施进行处置。管理人员未采取合理措施或者存在纵容性骚扰行为、干扰对性骚扰行为调查等情形，用人单位以管理人员未尽岗位职责，严重违反规章制度为由解除劳动合同，管理人员主张解除劳动合同违法的，人民法院不予支持。

---

① 最高人民法院指导案例181号。

相关法条

《中华人民共和国劳动合同法》第39条

基本案情

郑某于2012年7月入职霍尼韦尔自动化控制（中国）有限公司（以下简称霍尼韦尔公司），担任渠道销售经理。霍尼韦尔公司建立有工作场所性骚扰防范培训机制，郑某接受过相关培训。霍尼韦尔公司《商业行为准则》规定经理和主管“应确保下属能畅所欲言且无须担心遭到报复，所有担忧或问题都能专业并及时地得以解决”，不允许任何报复行为。2017年版《员工手册》规定：对他人实施性骚扰、违反公司《商业行为准则》、在公司内部调查中做虚假陈述的行为均属于会导致立即辞退的违纪行为。上述规章制度在实施前经过该公司工会沟通会议讨论。

郑某与霍尼韦尔公司签订的劳动合同约定郑某确认并同意公司现有的《员工手册》及《商业行为准则》等规章制度作为本合同的组成部分。《员工手册》修改后，郑某再次签署确认书，表示已阅读、明白并愿接受2017年版《员工手册》内容，愿恪守公司政策作为在霍尼韦尔公司工作的前提条件。

2018年8月30日，郑某因认为下属女职工任某与郑某上级邓某（已婚）之间的关系有点僵，为“疏解”二人关系而找任某谈话。郑某提到昨天观察到邓某跟任某说了一句话，而任某没有回答，其还专门跑到任某处帮忙打圆场。任某提及其在刚入职时曾向郑某出示过间接上级邓某发送的性骚扰微信记录截屏，郑某当时对此答复“我就是不想掺和这个事”“我往后不想再回答你后面的事情”“我是觉得有点怪，我也不敢问”。谈话中，任某强调邓某是在对其进行性骚扰，邓某要求与其发展男女关系，并在其拒绝后继续不停骚扰，郑某不应责怪其不搭理邓某，也不要替邓某来对其进行敲打。郑某则表示“你如果这样干工作的话，让我很难过”“你越端着，他越觉得我要把你怎么样”“他这么直接，要是我的话，先靠近你，摸摸看，然后聊聊天”。

后至2018年11月，郑某以任某不合群等为由向霍尼韦尔公司人事部提出与任某解除劳动合同，但未能说明解除任某劳动合同的合理依据。人事部为此找任某了解情况。任某告知人事部其被间接上级邓某骚扰，郑某有意无意撮合其和邓某，其因拒绝骚扰行为而受到打击报复。霍尼韦尔公司为此展开调查。

2019年1月15日，霍尼韦尔公司对郑某进行调查，并制作了调查笔录。郑某未在调查笔录上签字，但对笔录记载的其对公司询问所做答复做了诸多修改。对于调查笔录中有无女员工向郑某反映邓某跟其说过一些不合适的话、对其进行性骚扰的提问所记录的“没有”的答复，郑某未作修改。

2019年1月31日，霍尼韦尔公司出具《单方面解除函》，以郑某未尽经理职责，在下属反映遭受间接上级骚扰后没有采取任何措施帮助下属不再继续遭受骚扰，反而对下属进行打击报复，在调查过程中就上述事实做虚假陈述为由，与郑某解除劳动合同。

2019年7月22日，郑某向上海市劳动争议仲裁委员会申请仲裁，要求霍尼韦尔公司支付违法解除劳动合同赔偿金368130元。该请求未得到仲裁裁决支持。郑某不服，以相同请求诉至上海市浦东新区人民法院。

裁判结果

上海市浦东新区人民法院于2020年11月30日作出（2020）沪0115民初10454号民事判决：驳回郑某的诉讼请求。郑某不服一审判决，提起上诉。上海市第一中级人民法院于2021年4月22日作出（2021）沪01民终2032号民事判决：驳回上诉，维持原判。

裁判理由

法院生效裁判认为，本案争议焦点在于：一、霍尼韦尔公司据以解除郑某劳动合同的《员工手册》和《商业行为准则》对郑某有无约束力；二、郑某是否存在足以解除劳动合同的严重违纪行为。

关于争议焦点一，霍尼韦尔公司据以解除郑某劳动合同的《员工手册》和《商业行为准则》对郑某有无约束力。在案证据显示，郑某持有异议的霍尼韦尔公司2017年版《员工手册》《商业行为准则》分别于2017年9月、2014年12月经霍尼韦尔公司工会沟通会议进行讨论。郑某与霍尼韦尔公司签订的劳动合同明确约定《员工手册》《商业行为准则》属于劳动合同的组成部分，郑某已阅读并理解和接受上述制度。在《员工手册》修订后，郑某亦再次签署确认书，确认已阅读、明白并愿接受2017年版《员工手册》，愿恪守公司政策作为在霍尼韦尔公司工作的前提条件。在此情况下，霍尼韦尔公司的《员工手册》《商业行为准则》应对郑某具有约束力。

关于争议焦点二，郑某是否存在足以解除劳动合同的严重违纪行为。一则，在案证据显示霍尼韦尔公司建立有工作场所性骚扰防范培训机制，郑某亦接受过相关培训。霍尼韦尔公司《商业行为准则》要求经理、主管等管理人员在下属提出担忧或问题时能够专业并及时帮助解决，不能进行打击报复。霍尼韦尔公司2017年版《员工手册》还将违反公司《商业行为准则》的行为列为会导致立即辞退的严重违纪行为范围。现郑某虽称相关女职工未提供受到骚扰的切实证据，其无法判断骚扰行为的真伪、对错，但从郑某在 2018 年 8 月 30 日谈话录音中对相关女职工初入职时向其出示的微信截屏所做的“我是觉得有点怪，我也不敢问”“我就是不想掺和这个事”的评述看，郑某本人亦不认为相关微信内容系同事间的正常交流，且郑某在相关女职工反复强调间接上级一直对她进行骚扰时，未见郑某积极应对帮助解决，反而说“他这么直接，要是我的话，先靠近你，摸摸看，然后聊聊天”。所为皆为积极促成自己的下级与上级发展不正当关系。郑某的行为显然有悖其作为霍尼韦尔公司部门主管应尽之职责，其相关答复内容亦有违公序良俗。此外，依据郑某自述，其在 2018 年 8 月 30 日谈话后应已明确知晓相关女职工与间接上级关系不好的原因，但郑某不仅未采取积极措施，反而认为相关女职工处理不当。在任某明确表示对郑某性骚扰的抗拒后，郑某于 2018 年 11 月中旬向人事经理提出任某性格不合群，希望公司能解除与任某的劳动合同，据此霍尼韦尔公司主张郑某对相关女职工进行打击报复，亦属合理推断。二则，霍尼韦尔公司 2017 年版《员工手册》明确规定在公司内部调查中做虚假陈述的行为属于会导致立即辞退的严重违纪行为。霍尼韦尔公司提供的 2019 年 1 月 15 日调查笔录显示郑某在调查过程中存在虚假陈述情况。郑某虽称该调查笔录没有按照其所述内容记录，其不被允许修改很多内容，但此主张与郑某对该调查笔录中诸多问题的答复都进行过修改的事实相矛盾，法院对此不予采信。该调查笔录可以作为认定郑某存在虚假陈述的判断依据。

综上，郑某提出的各项上诉理由难以成为其上诉主张成立的依据。霍尼韦尔公司主张郑某存在严重违纪行为，依据充分，不构成违法解除劳动合同。对郑某要求霍尼韦尔公司支付违法解除劳动合同赔偿金368130元的上诉请求，不予支持。

关联参见

《妇女权益保障法》第23—25条；《治安管理处罚法》第42条、第44条、第66条、第67条、第69条；《未成年人保护法》第22条、第40条、第54条、第62条、第98条、第111条、第112条；《女职工劳动保护特别规定》第11条

第一千零一十一条　【非法剥夺、限制他人行动自由和非法搜查他人身体】 以非法拘禁等方式剥夺、限制他人的行动自由，或者非法搜查他人身体的，受害人有权依法请求行为人承担民事责任。

条文解读

本条是对人身自由利益的规定，从体系上其属于身体权的保护范围。人身自由权是民事自由权中的一部分，是指自然人在法律规定的范围内，按照自己的意志和利益进行行动和思维，不受约束、控制或妨碍的权利。本条没有直接将人身自由作为独立的人格权类型，而是将其作为身体权的保护内容。

侵害行动自由的表现形式 侵害行动自由的表现形式主要有：（1）强制治疗。强制治疗是否构成侵权主要依据《精神卫生法》第30条进行判定。（2）强迫劳动。强迫劳动罪是《刑法》所规定的罪名。被告采取暴力、威胁、限制人身自由的方法，强迫

他人劳动，情节严重，其行为构成强迫劳动罪。当然，不存在劳动关系或者雇佣关系时，也可能发生强迫劳动。（3）强制交易。有些经营者通过限制消费者的人身自由，甚至扣留、殴打消费者，以达到消费者不自愿购买物品的目的，如“黑导游”。（4）非法搜查。没有合法手续搜查他人身体的，都是侵害人身自由的行为，都应当承担民事责任。（5）非法拘禁。在侵害人身自由权的行为中，非法拘禁等方式并不重要，重要的是剥夺、限制他人的行动自由，凡是非法剥夺、限制他人行动自由的行为，都是侵害人身自由权的行为。（6）非法阻碍。比如养老中心拒绝为子女看望父母提供便利条件，进行阻挠，也应构成侵害行动自由。

实务应用

16. 被强制搜身后气到住院，能否主张精神损害赔偿？

甲在某超市溜达时，被该超市保安乙拦截，乙怀疑甲偷拿了橘子，并对甲进行了搜身，搜身后没有发现甲偷拿东西，甲即离开。随后甲到公安局报案，举报被告某超市保安乙对其搜身，乙对其行为认可，公安局对乙作出行政处罚决定。当晚，甲因胸闷心悸等症状进入医院住院治疗。出院后，甲为维护合法权益，诉请法院依法判令某超市向其赔礼道歉、赔偿医药费，并主张精神损害赔偿。

实践中，发生了超市、商场等非法搜查他人身体的行为，这些行为往往以限制行动自由为前提。同时涉及自然人对自己身体的权利，侵害了自然人的人格尊严。非法搜查他人身体，必须是对他人身体的搜查。如果是非法搜查他人住宅等，不适用本条，可以适用本法关于隐私权的规定。同时，搜查身体的行为必须是非法的。如果是依照《刑事诉讼法》等法律的规定对他人身体进行搜查，不构成非法搜查他人身体。

超市保安乙并不具有执法权，其搜查甲的身体并非履行职务授权行为。中华人民共和国公民的人格尊严不受侵犯，乙对甲进行非法搜身，侵犯了甲的人格尊严权。《最高人民法院关于确定民事侵权精神损害赔偿责任若干问题的解释》第 1 条规定："因人身权益或者具有人身意义的特定物受到侵害，自然人或者其近亲属向人民法院提起诉讼请求精神损害赔偿的，人民法院应当依法予以受理。"第 5 条规定："精神损害的赔偿数额根据以下因素确定：（一）侵权人的过错程度，但是法律另有规定的除外；（二）侵权行为的目的、方式、场合等具体情节；（三）侵权行为所造成的后果；（四）侵权人的获利情况；（五）侵权人承担责任的经济能力；（六）受理诉讼法院所在地的平均生活水平。"综上所述，超市应当向甲承担精神损害赔偿责任。

案例指引

11. 被逮捕后发现无罪，如何确定赔偿责任？[①]

朱红蔚申请无罪逮捕赔偿案

（最高人民法院审判委员会讨论通过　2014 年 12 月 25 日发布）

关键词　国家赔偿/刑事赔偿/无罪逮捕/精神损害赔偿

裁判要点

1. 国家机关及其工作人员行使职权时侵犯公民人身自由权，严重影响受害人正常的工作、生活，导致其精神极度痛苦，属于造成精神损害严重后果。

---

① 最高人民法院指导案例 42 号。

2. 赔偿义务机关支付精神损害抚慰金的数额，应当根据侵权行为的手段、场合、方式等具体情节，侵权行为造成的影响、后果，以及当地平均生活水平等综合因素确定。

相关法条

《中华人民共和国国家赔偿法》第三十五条

基本案情

赔偿请求人朱红蔚申请称：检察机关的错误羁押致使其遭受了极大的物质损失和精神损害，申请最高人民法院赔偿委员会维持广东省人民检察院支付侵犯人身自由的赔偿金的决定，并决定由广东省人民检察院登报赔礼道歉、消除影响、恢复名誉，赔偿精神损害抚慰金200万元，赔付被扣押车辆、被拍卖房产等损失。

广东省人民检察院答辩称：朱红蔚被无罪羁押873天，广东省人民检察院依法决定支付侵犯人身自由的赔偿金124254.09元，已向朱红蔚当面道歉，并为帮助朱红蔚恢复经营走访了相关工商管理部门及向有关银行出具情况说明。广东省人民检察院未参与涉案车辆的扣押，不应对此承担赔偿责任。朱红蔚未能提供精神损害后果严重的证据，其要求支付精神损害抚慰金的请求不应予支持，其他请求不属于国家赔偿范围。

法院经审理查明：因涉嫌犯合同诈骗罪，朱红蔚于2005年7月25日被刑事拘留，同年8月26日被取保候审。2006年5月26日，广东省人民检察院以粤检侦监核〔2006〕4号复核决定书批准逮捕朱红蔚。同年6月1日，朱红蔚被执行逮捕。2008年9月11日，广东省深圳市中级人民法院以指控依据不足为由，判决宣告朱红蔚无罪。同月19日，朱红蔚被释放。朱红蔚被羁押时间共计875天。2011年3月15日，朱红蔚以无罪逮捕为由向广东省人民检察院申请国家赔偿。同年7月19日，广东省人民检察院作出粤检赔决〔2011〕1号刑事赔偿决定：按照2010年度全国职工日平均工资标准支付侵犯人身自由的赔偿金124254.09元（142.33元×873天）；口头赔礼道歉并依法在职能范围内为朱红蔚恢复生产提供方便；对支付精神损害抚慰金的请求不予支持。

另查明：（1）朱红蔚之女朱某某在朱红蔚被刑事拘留时未满18周岁，至2012年抑郁症仍未愈。（2）深圳一和实业有限公司自2004年由朱红蔚任董事长兼法定代表人，2005年以来未参加年检。（3）朱红蔚另案申请深圳市公安局赔偿被扣押车辆损失，广东省高级人民法院赔偿委员会以朱红蔚无证据证明其系车辆所有权人和受到实际损失为由，决定驳回朱红蔚赔偿申请。（4）2011年9月5日，广东省高级人民法院、广东省人民检察院、广东省公安厅联合发布粤高法〔2011〕382号《关于在国家赔偿工作中适用精神损害抚慰金若干问题的座谈会纪要》。该纪要发布后，广东省人民检察院表示可据此支付精神损害抚慰金。

裁判结果

最高人民法院赔偿委员会于2012年6月18日作出（2011）法委赔字第4号国家赔偿决定：维持广东省人民检察院粤检赔决〔2011〕1号刑事赔偿决定第二项；撤销广东省人民检察院粤检赔决〔2011〕1号刑事赔偿决定第一、三项；广东省人民检察院向朱红蔚支付侵犯人身自由的赔偿金142318.75元；广东省人民检察院向朱红蔚支付精神损害抚慰金50000元；驳回朱红蔚的其他赔偿请求。

裁判理由

最高人民法院认为：赔偿请求人朱红蔚于2011年3月15日向赔偿义务机关广东省人民检察院提出赔偿请求，本案应适用修订后的《中华人民共和国国家赔偿法》。朱红蔚被实际羁押时间为875天，广东省人民检察院计算为873天有误，应予纠正。根据《最高人民法院关于人民法院执行〈中华人民共和国国家赔偿法〉几个问题的解释》第六条规定，赔偿委员会变更赔偿义务机关尚未生效的赔偿决定，应以作出本赔偿决定时的上年度即2011年度全国职工日平均工资162.65元为赔偿标准。因此，广东省人民检察院应按照2011年度全国职工日平均工资标准向朱红蔚支付侵犯人身自由875天的赔偿金142318.75元。朱红蔚被宣告无罪后，广东省人民检察院已决定向朱红蔚以口头方式赔礼道歉，并为其恢复生产提供方便，从而在侵权行为范围内为朱红蔚消除影响、恢复名誉，该项决定应予维持。朱红蔚另要求广东省人民检察院以登报方式赔礼道歉，不予支持。

朱红蔚被羁押875天，正常的家庭生活和公司经营也因此受到影响，导致其精神极度痛苦，应认定精神损害后果严重。对朱红蔚主张的精神损害抚慰金，根据自2005年朱红蔚被羁押以来深圳一和实业有限公司不能正常经营，朱红蔚之女患抑郁症未愈，以及粤高法〔2011〕382号《关于在国家赔偿工作中适用精神损害抚慰金若干问题的座谈会纪要》明确的广东省赔偿精神损害抚慰金的参考标准，结合赔偿协商协调情况以及当地平均生活水平等情况，确定为50000元。朱红蔚提出的其他请求，不予支持。

关联参见

《宪法》第37条；《消费者权益保护法》第27条；《治安管理处罚法》第40条、第41条；《国家赔偿法》第3条；《精神卫生法》第5条、第30条、第31条；《劳动法》第96条；《刑法》第

238 条、第 244 条；《最高人民法院关于确定民事侵权精神损害赔偿责任若干问题的解释》第 1 条

第三章 姓名权和名称权

第一千零一十二条 **【姓名权】**自然人享有姓名权，有权依法决定、使用、变更或者许可他人使用自己的姓名，但是不得违背公序良俗。

条文解读

本条是对姓名权的概念和内容的规定。姓名权是法律史上首先被立法认可的人格权之一，这很大程度上取决于其与自然人主体的紧密关系。

姓名 姓名是一个自然人在社会中区别于其他人的标志和符号。姓名的法律意义主要在于，使一个自然人与其他自然人区别开来，在一定意义上，姓名是主体存在的标志，也是自然人从事民事活动，行使法律赋予的各种权利和承担相应义务的前提条件。法律上的姓名不仅包括正式的登记姓名，而且也包括其他类似于姓名的笔名、艺名、绰号、网名等非正式姓名。姓名权是自然人决定、使用和依法变更自己姓名，并排除他人干涉或非法使用的权利。

姓名权的内容 姓名权的内容是：（1）决定权，也叫命名权，即自然人对自己的姓名的决定权。由于人出生即要命名，而权利人无法自己行使这一权利，因而由其亲权人行使命名权。（2）使用权，姓名权人有权使用自己的姓名，用以区别自己与其他自然人，确定自己的主体地位，实施民事法律行为。（3）变更权，自然人对自己的姓名可以进行变更，不过通常变更的是名，

而不是姓，变更姓名时须经变更姓名的登记。（4）许可他人使用自己姓名的权利，由于姓名权具有专属性，准许他人使用须为正当，例如委托代理、法定代理、意定代理对本人姓名的使用是正当的许可使用，未经本人同意，又没有行使他人姓名权的免责事由的，构成侵害姓名权的侵权行为。

案例指引

12. 盗用他人身份信息，侵犯何种权益？[①]

刘某某系听力一级、言语一级多重残疾人，享受农村五保供养待遇。2018 年，某景观工程公司与李某某签订制作冰灯协议，约定由李某某为其制作冰灯 4 组。2019 年，李某某承包的工程完工，某景观工程公司告知李某某以工人工资的形式结算工程款。因李某某雇佣的工人工资不能达到工程款数额，李某某便盗用刘某某的身份信息，冒充自己雇佣的工人。后某景观工程公司做工资账目时，使用了刘某某的身份信息，同时向税务部门进行了个人所得税明细申报。

2019 年，民政部门对城乡低保人员复审工作期间，发现刘某某收入超标，于 2019 年 7 月开始终止对刘某某的特困人员救助供养。刘某某以侵害姓名权为由，起诉请求某景观工程公司、李某某赔偿损失。

北京市延庆区人民法院经审理认为，李某某未经刘某某同意，私自盗用其身份证复印件，某景观工程公司做工资账目时，使用

① 参见《最高人民法院中国残疾人联合会残疾人权益保护十大典型案例》（2021 年 12 月 2 日发布），刘某某诉某景观工程公司、李某某姓名权纠纷案，载最高人民法院网 https：//www. court. gov. cn/zixun-xiangqing-334501. html，最后访问日期：2023 年 2 月 27 日。

了刘某某的身份信息，并用作纳税申报，导致民政部门终止对刘某某的特困人员救助供养。对因此给刘某某造成的损失，某景观工程公司、李某某应当承担赔偿责任。遂判决某景观工程公司、李某某连带赔偿刘某某 2019 年 7 月至同年 12 月的基本生活费 9900 元、生活照料费 7680 元、物价临时补贴 300 元、电价补贴 42.92 元、2019 年的采暖补贴 1800 元、2019 年 7 月至 2020 年 1 月 3 日的医疗费 3847.44 元、精神抚慰金 5000 元、交通费及误工费 5000 元。

如《残疾人权利公约》序言第 13 款所指出的那样，残疾人对其社区的全面福祉和多样性作出了宝贵贡献。残疾人作为特殊困难的群体，更需要给予特别的保护。保护残疾人合法权益是整个社会的义务和责任，也是社会文明进步的重要标志。随着个人信息领域的立法完善，社会普遍提高了对个人信息的保护力度。残疾人作为社会公众中的一员，其姓名作为个人信息的重要组成部分，是个体区分的主要标志，承载着经济意义和社会意义。侵犯残疾人个人信息的行为应当承担相应的法律责任。本案判决较好地保护了残疾人的人格权益，向社会彰显残疾人权益应当得到全方位保障的价值理念。

关联参见

《居民身份证法》第 4 条；《国家通用语言文字法》第 17 条、第 18 条；《反不正当竞争法》第 6 条

第一千零一十三条　【名称权】法人、非法人组织享有名称权，有权依法决定、使用、变更、转让或者许可他人使用自己的名称。

条文解读

本条是对法人、非法人组织享有的名称权及内容的规定。

名称 ➡ 名称是指法人及特殊的自然人组合等主体在社会活动中，用以确定和代表自身，并区别于他人的文字符号和标记。民商事主体的名称起到了区别的作用，为其从事民商事等各类活动的基本前提。

名称权 ➡ 名称权，是指法人和非法人组织依法享有的决定、使用、变更或者依照法律规定许可他人使用自己名称，并排除任何组织和个人非法干涉、盗用或者冒用的具体人格权。

名称权的主体 ➡ 根据本条规定，名称权的主体限于法人和非法人组织。但是除了法人和非法人组织，有些自然人组合也有名称，例如，没有民事主体地位的合伙可以起字号。对于这些没有主体地位的自然人组合的名称权，比照适用名称权的规则进行保护。再如，农民专业合作社也拥有名称权。

名称权的内容 ➡ 名称权的内容包括：（1）名称设定权，主要是名称不得与其他名称相同或者近似，避免主体混同。（2）名称使用权，主要是禁止他人假冒、盗用等不当使用，对于侵害名称权的行为，权利人可以依法请求损害赔偿。授权他人使用企业名称也是名称权行使的重要形式，一般需要采取签订合同的形式。（3）名称变更权，主要是可以依照法律规定变更自己的名称，这方面有一些强行性规定。（4）名称转让权，名称权转让可以分为部分转让和全部转让。

案例指引

13. 利用竞争对手名称设置搜索关键词进行商业推广，是否构成对名称权的侵害？①

某虎公司系某搜索引擎运营商，旗下拥有搜索广告业务。甲公司为宣传企业购买了上述服务，并在 3 年内间断使用同行业“乙公司”的名称为关键词对甲公司进行商业推广。通过案涉搜索引擎搜索乙公司关键词，结果页面前两条词条均指向甲公司，而乙公司的官网词条却相对靠后。乙公司认为甲公司在网络推广时，擅自使用乙公司的名称进行客户引流，侵犯其名称权，某虎公司明知上述行为构成侵权仍施以帮助，故诉至法院，要求甲公司、某虎公司停止侵权、赔礼道歉、消除影响并连带赔偿损失 30 万元。

依照《民法典》第 1013 条、第 1014 条的规定，法人、非法人组织享有名称权，任何组织或者个人不得以干涉、盗用、假冒等方式侵害其名称权。乙公司作为具有一定知名度的企业，其名称具有一定的经济价值。甲公司擅自使用乙公司名称进行营销，必然会对其造成经济损失，已侵犯其名称权。某虎公司作为案涉搜索引擎运营商，对外开展付费广告业务，其对甲公司关键词设置的审查义务，应高于普通网络服务提供者。因某虎公司未正确履行审查义务，客观上对案涉侵权行为提供了帮助，构成共同侵权。遂判决甲公司、某虎公司书面赔礼道歉、澄清事实、消除影响并连带赔偿 65000 元。

---

① 参见《民法典颁布后人格权司法保护典型民事案例》（2022 年 4 月 11 日发布），用竞争对手名称设置搜索关键词进行商业推广构成侵害名称权——网络竞价排名侵害名称权案，载最高人民法院网 https：//www.court.gov.cn/zixun-xiangqing-354261.html，最后访问日期：2023 年 2 月 27 日。

名称权是企业从事商事活动的重要标识性权利，已逐渐成为企业的核心资产。本案立足于数字经济发展新赛道，通过揭示竞价排名广告的商业逻辑，明确他人合法注册的企业名称受到保护，任何人不得通过“蹭热点”“傍名牌”等方式侵害他人的企业名称权。同时，本案还对网络服务提供者的审查义务进行了厘定，敦促其利用技术优势实质性审查“竞价排名”关键词的权属情况等，对制约商标侵权、不正当竞争行为，规范行业竞争秩序，构筑健康的品牌经济具有积极作用。

14. 擅自使用他人企业名称，构成侵犯何种权益？[①]

天津中国青年旅行社诉天津国青国际旅行社擅自使用他人企业名称纠纷案

（最高人民法院审判委员会讨论通过　2014年6月26日发布）

关键词　民事/不正当竞争/擅用他人企业名称

裁判要点

1. 对于企业长期、广泛对外使用，具有一定市场知名度、为相关公众所知悉，已实际具有商号作用的企业名称简称，可以视为企业名称予以保护。

2. 擅自将他人已实际具有商号作用的企业名称简称作为商业活动中互联网竞价排名关键词，使相关公众产生混淆误认的，属于不正当竞争行为。

相关法条

1. 《中华人民共和国民法通则》第一百二十条[②]

---

① 最高人民法院指导案例29号。

② 现为《民法典》第990条、第995条，下同。——编者注，下同。

2.《中华人民共和国反不正当竞争法》第五条[①]

基本案情

原告天津中国青年旅行社（以下简称天津青旅）诉称：被告天津国青国际旅行社有限公司在其版权所有的网站页面、网站源代码以及搜索引擎中，非法使用原告企业名称全称及简称“天津青旅”，违反了反不正当竞争法的规定，请求判令被告立即停止不正当竞争行为、公开赔礼道歉、赔偿经济损失10万元，并承担诉讼费用。

被告天津国青国际旅行社有限公司（以下简称天津国青旅）辩称：“天津青旅”没有登记注册，并不由原告享有，原告主张的损失没有事实和法律依据，请求驳回原告诉讼请求。

法院经审理查明：天津中国青年旅行社于1986年11月1日成立，是从事国内及出入境旅游业务的国有企业，直属于共青团天津市委员会。共青团天津市委员会出具证明称，“天津青旅”是天津中国青年旅行社的企业简称。2007年，《今晚报》等媒体在报道天津中国青年旅行社承办的活动中已开始以“天津青旅”简称指代天津中国青年旅行社。天津青旅在报价单、旅游合同、与同行业经营者合作文件、发票等资料以及经营场所各门店招牌上等日常经营活动中，使用“天津青旅”作为企业的简称。天津国青国际旅行社有限公司于2010年7月6日成立，是从事国内旅游及入境旅游接待等业务的有限责任公司。

2010年底，天津青旅发现通过Google搜索引擎分别搜索“天津中国青年旅行社”或“天津青旅”，在搜索结果的第一名并标注赞助商链接的位置，分别显示“天津中国青年旅行社网上营业厅

---

① 现为《反不正当竞争法》第6条，下同。

www.lechuyou.com 天津国青网上在线营业厅，是您理想选择，出行提供优质、贴心、舒心的服务”或“天津青旅网上营业厅 www.lechuyou.com 天津国青网上在线营业厅，是您理想选择，出行提供优质、贴心、舒心的服务”，点击链接后进入网页是标称天津国青国际旅行社乐出游网的网站，网页顶端出现“天津国青国际旅行社–青年旅行社青旅/天津国旅”等字样，网页内容为天津国青旅游业务信息及报价，标称网站版权所有：乐出游网–天津国青，并标明了天津国青的联系电话和经营地址。同时，天津青旅通过百度搜索引擎搜索“天津青旅”，在搜索结果的第一名并标注推广链接的位置，显示“欢迎光临天津青旅重合同守信誉单位，汇集国内出境经典旅游线路，100%出团，天津青旅 400–611–5253022.ctsgz.cn”，点击链接后进入网页仍然是上述标称天津国青乐出游网的网站。

裁判结果

天津市第二中级人民法院于 2011 年 10 月 24 日作出（2011）二中民三知初字第 135 号民事判决：一、被告天津国青国际旅行社有限公司立即停止侵害行为；二、被告于本判决生效之日起三十日内，在其公司网站上发布致歉声明持续 15 天；三、被告赔偿原告天津中国青年旅行社经济损失 30000 元；四、驳回原告其他诉讼请求。宣判后，天津国青旅提出上诉。天津市高级人民法院于 2012 年 3 月 20 日作出（2012）津高民三终字第 3 号民事判决：一、维持天津市第二中级人民法院上述民事判决第二、三、四项；二、变更判决第一项“被告天津国青国际旅行社有限公司立即停止侵害行为”为“被告天津国青国际旅行社有限公司立即停止使用‘天津中国青年旅行社’、‘天津青旅’字样及作为天津国青国际旅行社有限公司网站的搜索链接关键词”；三、驳回被告其他上诉请求。

裁判理由

法院生效裁判认为：根据《最高人民法院关于审理不正当竞争民事案件应用法律若干问题的解释》[①] 第六条第一款规定：“企业登记主管机关依法登记注册的企业名称，以及在中国境内进行商业使用的外国（地区）企业名称，应当认定为反不正当竞争法第五条第（三）项规定的‘企业名称’。具有一定的市场知名度、为相关公众所知悉的企业名称中的字号，可以认定为反不正当竞争法第五条第（三）项规定的‘企业名称’。”因此，对于企业长期、广泛对外使用，具有一定市场知名度、为相关公众所知悉，已实际具有商号作用的企业名称简称，也应当视为企业名称予以保护。“天津中国青年旅行社”是原告1986年成立以来一直使用的企业名称，原告享有企业名称专用权。“天津青旅”作为其企业名称简称，于2007年就已被其在经营活动中广泛使用，相关宣传报道和客户也以“天津青旅”指代天津中国青年旅行社，经过多年在经营活动中使用和宣传，已享有一定市场知名度，为相关公众所知悉，已与天津中国青年旅行社之间建立起稳定的关联关系，具有可以识别经营主体的商业标识意义。所以，可以将“天津青旅”视为企业名称与“天津中国青年旅行社”共同加以保护。

《中华人民共和国反不正当竞争法》第五条第（三）项规定，经营者不得采用擅自使用他人的企业名称，引人误认为是他人的商品等不正当手段从事市场交易，损害竞争对手。因此，经营者擅自将他人的企业名称或简称作为互联网竞价排名关键词，使公

① 现已失效。

众产生混淆误认，利用他人的知名度和商誉，达到宣传推广自己的目的的，属于不正当竞争行为，应当予以禁止。天津国青旅作为从事旅游服务的经营者，未经天津青旅许可，通过在相关搜索引擎中设置与天津青旅企业名称有关的关键词并在网站源代码中使用等手段，使相关公众在搜索“天津中国青年旅行社”和“天津青旅”关键词时，直接显示天津国青旅的网站链接，从而进入天津国青旅的网站联系旅游业务，达到利用网络用户的初始混淆争夺潜在客户的效果，主观上具有使相关公众在网络搜索、查询中产生误认的故意，客观上擅自使用“天津中国青年旅行社”及“天津青旅”，利用了天津青旅的企业信誉，损害了天津青旅的合法权益，其行为属于不正当竞争行为，依法应予制止。天津国青旅作为与天津青旅同业的竞争者，在明知天津青旅企业名称及简称享有较高知名度的情况下，仍擅自使用，有借他人之名为自己谋取不当利益的意图，主观恶意明显。依照《中华人民共和国民法通则》第一百二十条规定，天津国青旅应当承担停止侵害、消除影响、赔偿损失的法律责任。至于天津国青旅在网站网页顶端显示的“青年旅行社青旅”字样，并非原告企业名称的保护范围，不构成对原告的不正当竞争行为。

关联参见

《农民专业合作社法》第12条、第56条；《反不正当竞争法》第6条；《市场主体登记管理条例》第8条、第10条；《最高人民法院关于审理注册商标、企业名称与在先权利冲突的民事纠纷案件若干问题的规定》第2—4条

第一千零一十四条　【禁止侵害他人的姓名或名称】 任何组织或者个人不得以干涉、盗用、假冒等方式侵害他人的姓名权或者名称权。

条文解读

本条是对姓名权和名称权的义务主体负有的义务的规定。

侵害姓名权、名称权的方式 ➲（1）干涉他人设定、使用、变更名称。比如，市场监督管理部门工作人员无故拒绝他人设定企业名称，竞争对手恶意阻止他人变更企业名称等。（2）盗用、假冒他人名称。这方面主要是擅自使用他人有一定影响的企业名称（包括简称、字号等）、社会组织名称（包括简称等）、姓名（包括笔名、艺名、译名等），引人误认为是他人商品或者与他人存在特定联系。（3）应使用而不使用他人名称。这种行为一般要求加害人具有使用他人名称的义务，如果没有使用他人名称的义务，那么就不构成侵害他人名称权。

侵害名称权的民事责任 ➲ 名称权受到侵害的，可以寻求人格权请求权、侵权请求权等救济手段，也可以请求市场监管部门实施行政监管。另外，根据《最高人民法院关于确定民事侵权精神损害赔偿责任若干问题的解释》第4条的规定，侵害名称权不给予精神损害赔偿是合理的。

案例指引

15. 姓名权是否可以构成商标法规定的在先权利？[1]

迈克尔·杰弗里·乔丹与国家工商行政管理总局商标评审委员会、乔丹体育股份有限公司“乔丹”商标争议行政纠纷案

（最高人民法院审判委员会讨论通过 2019年12月24日发布）

关键词 行政/商标争议/姓名权/诚实信用

裁判要点

1. 姓名权是自然人对其姓名享有的人身权，姓名权可以构成商标法规定的在先权利。外国自然人外文姓名的中文译名符合条件的，可以依法主张作为特定名称按照姓名权的有关规定予以保护。

2. 外国自然人就特定名称主张姓名权保护的，该特定名称应当符合以下三项条件：（1）该特定名称在我国具有一定的知名度，为相关公众所知悉；（2）相关公众使用该特定名称指代该自然人；（3）该特定名称已经与该自然人之间建立了稳定的对应关系。

3. 使用是姓名权人享有的权利内容之一，并非姓名权人主张保护其姓名权的法定前提条件。特定名称按照姓名权受法律保护的，即使自然人并未主动使用，也不影响姓名权人按照商标法关于在先权利的规定主张权利。

4. 违反诚实信用原则，恶意申请注册商标，侵犯他人现有在先权利的“商标权人”，以该商标的宣传、使用、获奖、被保护等情况形成了“市场秩序”或者“商业成功”为由，主张该注册商标合法有效的，人民法院不予支持。

---

① 最高人民法院指导案例113号。

相关法条

1.《中华人民共和国商标法》（2013 年修正）第 32 条（本案适用的是 2001 年修正的《中华人民共和国商标法》第 31 条）

2.《中华人民共和国民法通则》第 4 条、第 99 条第 1 款[①]

3.《中华人民共和国民法总则》第 7 条、第 110 条[②]

4.《中华人民共和国侵权责任法》第 2 条第 2 款[③]

基本案情

再审申请人迈克尔·杰弗里·乔丹（以下简称迈克尔·乔丹）与被申请人国家工商行政管理总局商标评审委员会（以下简称商标评审委员会）、一审第三人乔丹体育股份有限公司（以下简称乔丹公司）商标争议行政纠纷案中，涉及乔丹公司的第 6020569 号“乔丹”商标（即涉案商标），核定使用在国际分类第 28 类的体育活动器械、游泳池（娱乐用）、旱冰鞋、圣诞树装饰品（灯饰和糖果除外）。再审申请人主张该商标含有其英文姓名的中文译名“乔丹”，属于 2001 年修正的商标法第三十一条规定的“损害他人现有的在先权利”的情形，故向商标评审委员会提出撤销申请。

商标评审委员会认为，涉案商标“乔丹”与“MichaelJordan”及其中文译名“迈克尔·乔丹”存在一定区别，并且“乔丹”为英美普通姓氏，难以认定这一姓氏与迈克尔·乔丹之间存在当然的对应关系，故裁定维持涉案商标。再审申请人不服，向北京市第一中级人民法院提起行政诉讼。

裁判结果

北京市第一中级人民法院于 2015 年 4 月 1 日作出（2014）一

① 现分别为《民法典》第 5 条、第 1012 条，下同。

② 现分别为《民法典》第 7 条、第 110 条，下同。

③ 现为《民法典》第 990 条，下同。

中行（知）初字第9163号行政判决，驳回迈克尔·杰弗里·乔丹的诉讼请求。迈克尔·杰弗里·乔丹不服一审判决，提起上诉。北京市高级人民法院于2015年8月17日作出（2015）高行（知）终字第1915号行政判决，驳回迈克尔·杰弗里·乔丹上诉，维持原判。迈克尔·杰弗里·乔丹仍不服，向最高人民法院申请再审。最高人民法院提审后，于2016年12月7日作出（2016）最高法行再27号行政判决：一、撤销北京市第一中级人民法院（2014）一中行（知）初字第9163号行政判决；二、撤销北京市高级人民法院（2015）高行（知）终字第1915号行政判决；三、撤销国家工商行政管理总局商标评审委员会商评字〔2014〕第052058号关于第6020569号“乔丹”商标争议裁定；四、国家工商行政管理总局商标评审委员会对第6020569号“乔丹”商标重新作出裁定。

裁判理由

最高人民法院认为，本案争议焦点为争议商标的注册是否损害了再审申请人就“乔丹”主张的姓名权，违反2001年修正的商标法第三十一条关于“申请商标注册不得损害他人现有的在先权利”的规定。判决主要认定如下：

一、关于再审申请人主张保护姓名权的法律依据

商标法第三十一条规定：“申请商标注册不得损害他人现有的在先权利”。对于商标法已有特别规定的在先权利，应当根据商标法的特别规定予以保护。对于商标法虽无特别规定，但根据民法通则、侵权责任法和其他法律的规定应予保护，并且在争议商标申请日之前已由民事主体依法享有的民事权利或者民事权益，应当根据该概括性规定给予保护。《中华人民共和国民法通则》第九

十九条第一款、《中华人民共和国侵权责任法》第二条第二款均明确规定，自然人依法享有姓名权。故姓名权可以构成商标法第三十一条规定的“在先权利”。争议商标的注册损害他人在先姓名权的，应当认定该争议商标的注册违反商标法第三十一条的规定。

姓名被用于指代、称呼、区分特定的自然人，姓名权是自然人对其姓名享有的重要人身权。随着我国社会主义市场经济不断发展，具有一定知名度的自然人将其姓名进行商业化利用，通过合同等方式为特定商品、服务代言并获得经济利益的现象已经日益普遍。在适用商标法第三十一条的规定对他人的在先姓名权予以保护时，不仅涉及对自然人人格尊严的保护，而且涉及对自然人姓名，尤其是知名人物姓名所蕴含的经济利益的保护。未经许可擅自将他人享有在先姓名权的姓名注册为商标，容易导致相关公众误认为标记有该商标的商品或者服务与该自然人存在代言、许可等特定联系的，应当认定该商标的注册损害他人的在先姓名权，违反商标法第三十一条的规定。

二、关于再审申请人主张的姓名权所保护的具体内容

自然人依据商标法第三十一条的规定，就特定名称主张姓名权保护时，应当满足必要的条件。

其一，该特定名称应具有一定知名度、为相关公众所知悉，并用于指代该自然人。《最高人民法院关于审理不正当竞争民事案件应用法律若干问题的解释》[①] 第六条第二款是针对“擅自使用他人的姓名，引人误认为是他人的商品”的不正当竞争行为的认定作出的司法解释，该不正当竞争行为本质上也是损害他人姓名权的侵权行为。认定该行为时所涉及的“引人误认为是他人的商

---

① 现已失效。

品”，与本案中认定争议商标的注册是否容易导致相关公众误认为存在代言、许可等特定联系是密切相关的。因此，在本案中可参照适用上述司法解释的规定，确定自然人姓名权保护的条件。

其二，该特定名称应与该自然人之间已建立稳定的对应关系。在解决本案涉及的在先姓名权与注册商标权的权利冲突时，应合理确定在先姓名权的保护标准，平衡在先姓名权人与商标权人的利益。既不能由于争议商标标志中使用或包含有仅为部分人所知悉或临时性使用的自然人“姓名”，即认定争议商标的注册损害该自然人的姓名权；也不能如商标评审委员会所主张的那样，以自然人主张的“姓名”与该自然人形成“唯一”对应为前提，对自然人主张姓名权的保护提出过苛的标准。自然人所主张的特定名称与该自然人已经建立稳定的对应关系时，即使该对应关系达不到“唯一”的程度，也可以依法获得姓名权的保护。综上，在适用商标法第三十一条关于“不得损害他人现有的在先权利”的规定时，自然人就特定名称主张姓名权保护的，该特定名称应当符合以下三项条件：一是该特定名称在我国具有一定的知名度、为相关公众所知悉；二是相关公众使用该特定名称指代该自然人；三是该特定名称已经与该自然人之间建立了稳定的对应关系。

在判断外国人能否就其外文姓名的部分中文译名主张姓名权保护时，需要考虑我国相关公众对外国人的称谓习惯。中文译名符合前述三项条件的，可以依法主张姓名权的保护。本案现有证据足以证明“乔丹”在我国具有较高的知名度、为相关公众所知悉，我国相关公众通常以“乔丹”指代再审申请人，并且“乔丹”已经与再审申请人之间形成了稳定的对应关系，故再审申请人就“乔丹”享有姓名权。

三、关于再审申请人及其授权的耐克公司是否主动使用“乔丹”，其是否主动使用的事实对于再审申请人在本案中主张的姓名权有何影响

首先，根据《中华人民共和国民法通则》第九十九条第一款的规定，“使用”是姓名权人享有的权利内容之一，并非其承担的义务，更不是姓名权人“禁止他人干涉、盗用、假冒”，主张保护其姓名权的法定前提条件。

其次，在适用商标法第三十一条的规定保护他人在先姓名权时，相关公众是否容易误认为标记有争议商标的商品或者服务与该自然人存在代言、许可等特定联系，是认定争议商标的注册是否损害该自然人姓名权的重要因素。因此，在符合前述有关姓名权保护的三项条件的情况下，自然人有权根据商标法第三十一条的规定，就其并未主动使用的特定名称获得姓名权的保护。

最后，对于在我国具有一定知名度的外国人，其本人或者利害关系人可能并未在我国境内主动使用其姓名；或者由于便于称呼、语言习惯、文化差异等原因，我国相关公众、新闻媒体所熟悉和使用的“姓名”与其主动使用的姓名并不完全相同。例如在本案中，我国相关公众、新闻媒体普遍以“乔丹”指代再审申请人，而再审申请人、耐克公司则主要使用“迈克尔·乔丹”。但不论是“迈克尔·乔丹”还是“乔丹”，在相关公众中均具有较高的知名度，均被相关公众普遍用于指代再审申请人，且再审申请人并未提出异议或者反对。故商标评审委员会、乔丹公司关于再审申请人、耐克公司未主动使用“乔丹”，再审申请人对“乔丹”不享有姓名权的主张，不予支持。

四、关于乔丹公司对于争议商标的注册是否存在明显的主观恶意

本案中，乔丹公司申请注册争议商标时是否存在主观恶意，是认定争议商标的注册是否损害再审申请人姓名权的重要考量因素。本案证据足以证明乔丹公司是在明知再审申请人及其姓名“乔丹”具有较高知名度的情况下，并未与再审申请人协商、谈判以获得其许可或授权，而是擅自注册了包括争议商标在内的大量与再审申请人密切相关的商标，放任相关公众误认为标记有争议商标的商品与再审申请人存在特定联系的损害结果，使得乔丹公司无需付出过多成本，即可实现由再审申请人为其“代言”等效果。乔丹公司的行为有违《中华人民共和国民法通则》第四条规定的诚实信用原则，其对于争议商标的注册具有明显的主观恶意。

五、关于乔丹公司的经营状况，以及乔丹公司对其企业名称、有关商标的宣传、使用、获奖、被保护等情况，对本案具有何种影响

乔丹公司的经营状况，以及乔丹公司对其企业名称、有关商标的宣传、使用、获奖、被保护等情况，均不足以使争议商标的注册具有合法性。

其一，从权利的性质以及损害在先姓名权的构成要件来看，姓名被用于指代、称呼、区分特定的自然人，姓名权是自然人对其姓名享有的人身权。而商标的主要作用在于区分商品或者服务来源，属于财产权，与姓名权是性质不同的权利。在认定争议商标的注册是否损害他人在先姓名权时，关键在于是否容易导致相关公众误认为标记有争议商标的商品或者服务与姓名权人之间存在代言、许可等特定联系，其构成要件与侵害商标权的认定不同。因此，即使乔丹公司经过多年的经营、宣传和使用，使得乔丹公

司及其“乔丹”商标在特定商品类别上具有较高知名度，相关公众能够认识到标记有“乔丹”商标的商品来源于乔丹公司，也不足以据此认定相关公众不容易误认为标记有“乔丹”商标的商品与再审申请人之间存在代言、许可等特定联系。

其二，乔丹公司恶意申请注册争议商标，损害再审申请人的在先姓名权，明显有悖于诚实信用原则。商标评审委员会、乔丹公司主张的市场秩序或者商业成功并不完全是乔丹公司诚信经营的合法成果，而是一定程度上建立于相关公众误认的基础之上。维护此种市场秩序或者商业成功，不仅不利于保护姓名权人的合法权益，而且不利于保障消费者的利益，更不利于净化商标注册和使用环境。

关联参见

《英雄烈士保护法》第22条、第23条；《网络安全法》第41—45条、第76条；《反不正当竞争法》第6条；《最高人民法院关于审理商标授权确权行政案件若干问题的规定》第20条；《最高人民法院关于确定民事侵权精神损害赔偿责任若干问题的解释》第1条；《最高人民法院关于审理注册商标、企业名称与在先权利冲突的民事纠纷案件若干问题的规定》第1—4条

第一千零一十五条　【自然人姓氏的选取】自然人应当随父姓或者母姓，但是有下列情形之一的，可以在父姓和母姓之外选取姓氏：

（一）选取其他直系长辈血亲的姓氏；

（二）因由法定扶养人以外的人扶养而选取扶养人姓氏；

（三）有不违背公序良俗的其他正当理由。

少数民族自然人的姓氏可以遵从本民族的文化传统和风俗习惯。

条文解读

本条是对自然人姓氏选取规则的规定。姓名包括姓和名两部分，其中，姓是一定血缘遗传关系的记号，标志着个体自然人从属于哪个家族的血缘系统，具有一定的身份利益属性。

姓氏选择的一般原则 ➲ 子女随父姓或者母姓是一般规则，至于随父姓的血缘传承，还是随母姓的血缘传承，则可以选择。实践中随父姓的居多。

姓氏的变更涉及抚养权问题。父母不得因子女变更姓氏而拒付子女抚养费。父或母一方擅自将子女姓氏改为继母或继父姓氏而引起纠纷的，应责令恢复原姓氏。如果另一方不同意的，人民法院可以根据申请，按照最有利于未成年子女保护的原则确定，对于限制民事行为能力人，应征得其同意，未成年人成年后可自行选择姓氏。

选取父姓或母姓以外的第三姓 ➲（1）选取其他长辈直系血亲的姓氏，例如祖父母、外祖父母的姓氏与父母姓氏不一致，而选择祖父母、外祖父母的姓氏。（2）因由法定扶养人以外的人扶养而选取扶养人姓氏，例如长期被父母以外的人扶养但未形成收养关系，而随扶养人的姓氏。（3）有不违背公序良俗的其他正当理由，例如本家族原姓氏为“萧”，因错误简化为“肖”，故恢复姓萧。自然人是少数民族的，其姓氏依据民族自治原则，遵从本民族的文化传统和风俗习惯。

案例指引

16. 仅凭个人喜好和愿望在父姓、母姓之外选取其他姓氏或者创设新的姓氏，是否符合公序良俗？[①]

“北雁云依”诉济南市公安局历下区分局燕山派出所公安行政登记案

（最高人民法院审判委员会讨论通过　2017年11月15日发布）

关键词　行政/公安行政登记/姓名权/公序良俗/正当理由

裁判要点

公民选取或创设姓氏应当符合中华传统文化和伦理观念。仅凭个人喜好和愿望在父姓、母姓之外选取其他姓氏或者创设新的姓氏，不属于《全国人民代表大会常务委员会关于〈中华人民共和国民法通则〉第九十九条第一款、〈中华人民共和国婚姻法〉第二十二条的解释》[②] 第二款第三项规定的“有不违反公序良俗的其他正当理由”。

相关法条

《中华人民共和国民法通则》第99条第1款[③]

《中华人民共和国婚姻法》第22条[④]

《全国人民代表大会常务委员会关于〈中华人民共和国民法通则〉第九十九条第一款、〈中华人民共和国婚姻法〉第二十二条的解释》

基本案情

原告“北雁云依”法定代理人吕晓峰诉称：其妻张瑞峥在医

---

① 最高人民法院指导案例89号。

② 现已失效。

③ 现为《民法典》第1012条，下同。

④ 现为《民法典》第1015条，下同。

院产下一女取名“北雁云依”，并办理了出生证明和计划生育服务手册新生儿落户备查登记。为女儿办理户口登记时，被告济南市公安局历下区分局燕山派出所（以下简称“燕山派出所”）不予上户口。理由是孩子姓氏必须随父姓或母姓，即姓“吕”或姓“张”。根据《中华人民共和国婚姻法》（以下简称《婚姻法》）和《中华人民共和国民法通则》（以下简称《民法通则》）关于姓名权的规定，请求法院判令确认被告拒绝以“北雁云依”为姓名办理户口登记的行为违法。

被告燕山派出所辩称：依据法律和上级文件的规定不按“北雁云依”进行户口登记的行为是正确的。《民法通则》规定公民享有姓名权，但没有具体规定。而 2009 年 12 月 23 日最高人民法院举行新闻发布会，关于夫妻离异后子女更改姓氏问题的答复中称，《婚姻法》第二十二条是我国法律对子女姓氏问题作出的专门规定，该条规定子女可以随父姓，可以随母姓，没有规定可以随第三姓。行政机关应当依法行政，法律没有明确规定的行为，行政机关就不能实施，原告和行政机关都无权对法律作出扩大化解释，这就意味着子女只有随父姓或者随母姓两种选择。从另一个角度讲，法律确认姓名权是为了使公民能以文字符号即姓名明确区别于他人，实现自己的人格和权利。姓名权和其他权利一样，受到法律的限制而不可滥用。新生婴儿随父姓、随母姓是中华民族的传统习俗，这种习俗标志着血缘关系，随父姓或者随母姓，都是有血缘关系的，可以在很大程度上避免近亲结婚，但是姓第三姓，则与这种传统习俗、与姓的本意相违背。全国各地公安机关在执行《婚姻法》第二十二条关于子女姓氏的问题上，标准都是一致的，即子女应当随父姓或者随母姓。综上所述，拒绝原告法定代理人以“北雁云依”的姓名为原告申报户口登记的行为正确，恳请人民法院依法驳回原告的诉讼请求。

法院经审理查明：原告“北雁云依”出生于2009年1月25日，其父亲名为吕晓峰，母亲名为张瑞峥。因酷爱诗词歌赋和中国传统文化，吕晓峰、张瑞峥夫妇二人决定给爱女起名为“北雁云依”，并以“北雁云依”为名办理了新生儿出生证明和计划生育服务手册新生儿落户备查登记。2009年2月，吕晓峰前往燕山派出所为女儿申请办理户口登记，被民警告知拟被登记人员的姓氏应当随父姓或者母姓，即姓“吕”或者“张”，否则不符合办理出生登记条件。因吕晓峰坚持以“北雁云依”为姓名为女儿申请户口登记，被告燕山派出所遂依照《婚姻法》第二十二条之规定，于当日作出拒绝办理户口登记的具体行政行为。

该案经过两次公开开庭审理，原告“北雁云依”法定代理人吕晓峰在庭审中称：其为女儿选取的“北雁云依”之姓名，“北雁”是姓，“云依”是名。

因案件涉及法律适用问题，需送请有权机关作出解释或者确认，该案于2010年3月11日裁定中止审理，中止事由消除后，该案于2015年4月21日恢复审理。

裁判结果

济南市历下区人民法院于2015年4月25日作出（2010）历行初字第4号行政判决：驳回原告“北雁云依”要求确认被告燕山派出所拒绝以“北雁云依”为姓名办理户口登记行为违法的诉讼请求。

一审宣判并送达后，原被告双方均未提出上诉，本判决已发生法律效力。

裁判理由

法院生效裁判认为：2014年11月1日，第十二届全国人民代表大会常务委员会第十一次会议通过了《全国人民代表大会常务委员会关于〈中华人民共和国民法通则〉第九十九条第一款、〈中华人民共和国婚姻法〉第二十二条的解释》。该立法解释规定："公民依法享有姓名权。公民行使姓名权，还应当尊重社会公德，不得损害社会公共利益。公民原则上应当随父姓或者母姓。有下列情形之一的，可以在父姓和母姓之外选取姓氏：（一）选取其他直系长辈血亲的姓氏；（二）因由法定扶养人以外的人扶养而选取扶养人姓氏；（三）有不违反公序良俗的其他正当理由。少数民族公民的姓氏可以从本民族的文化传统和风俗习惯。"

本案不存在选取其他直系长辈血亲姓氏或者选取法定扶养人以外的抚养人姓氏的情形，案件的焦点就在于原告法定代理人吕晓峰提出的理由是否符合上述立法解释第二款第三项规定的"有不违反公序良俗的其他正当理由"。首先，从社会管理和发展的角度，子女承袭父母姓氏有利于提高社会管理效率，便于管理机关和其他社会成员对姓氏使用人的主要社会关系进行初步判断。倘若允许随意选取姓氏甚至恣意创造姓氏，则会增加社会管理成本，不利于社会和他人，不利于维护社会秩序和实现社会的良性管控，而且极易使社会管理出现混乱，增加社会管理的风险性和不确定性。其次，公民选取姓氏涉及公序良俗。在中华传统文化中，"姓名"中的"姓"，即姓氏，主要来源于客观上的承袭，系先祖所传，承载了对先祖的敬重、对家庭的热爱等，体现着血缘传承、伦理秩序和文化传统。而"名"则源于主观创造，为父母所授，承载了个人喜好、人格特征、长辈愿望等。公民对姓氏传承的重视和尊崇，不仅仅体现了血缘关系、亲属关系，更承载着丰富的文化传统、伦理观念、人文情怀，符合主流价值观念，是中华民族向心力、凝聚力的载体和镜像。公民原则上随父姓或者母姓，符合中华传统文化和伦理观念，符合绝大多数公民的意愿和实际做法。反之，如果任由公民仅凭个人意愿喜好，随意选取姓氏甚至自创姓氏，则会造成对文化传统和伦理观念的冲击，违背社会善良风俗和一般道德要求。再次，公民依法享有姓名权，公民行使姓名权属于民事活动，既应当依照《民法通则》第九十九条第一款和《婚姻法》第二十二条的规定，还应当遵守《民法通则》第七条的规定，即应当尊重社会公德，不得损害社会公共利益。通常情况下，在父姓和母姓之外选取姓氏的行为，主要存在于实际抚养关系发生变动、有利于未成年人身心健康、维护个人人格尊严等情形。本案中，原告"北雁云依"的父母自创"北雁"为姓氏、选取"北雁云依"为姓名给女儿办理户口登记的理由是"我女儿姓名'北雁云依'四字，取自四首著名的中国古典诗词，寓意父母对女儿的美好祝愿"。此理由仅凭个人喜好愿望并创设姓氏，具有明显的随意性，不符合立法解释第二款第三项的情形，不应给予支持。

关联参见

《户口登记条例》第 18 条

第一千零一十六条　【决定、变更姓名、名称及转让名称的规定】自然人决定、变更姓名，或者法人、非法人组织决定、变更、转让名称的，应当依法向有关机关办理登记手续，但是法律另有规定的除外。

民事主体变更姓名、名称的，变更前实施的民事法律行为对其具有法律约束力。

条文解读

本条是对民事主体决定、变更姓名、名称及法人、非法人组织转让名称的规定。无论是自然人决定、变更自己的姓名，还是法人、非法人组织决定、变更、转让自己的名称，都应当依照本条的规定，向有关机关办理登记手续。

姓名登记 ➲ 姓名登记为行政确认行为。作为一种事实行为的行政登记，姓名登记是公安机关对相对人就其姓氏与名字的设定、变更等情况记载于册以便备查，并作为将来社会管理活动的参考依据。姓名登记本身并不能赋予申请人（相对人）某种权利或资格，因而不属于行政许可。同时，姓名登记并不能直接设定行政法上的权利义务，故亦不属于行政确认范畴。只要不违反姓名登记的禁止性规定，则公安机关无权拒绝申请人的姓名登记。姓名登记应采取登记对抗主义，非经登记的，不得对抗善意第三人。

名称登记 ➲ 名称登记为行政许可行为。以企业名称的登记为例，作为商事登记的一部分，依学界和实务界的普遍观点，应属为行政许可范畴。名称应采取登记生效主义，非经登记的，不产生法律效力。

转让名称 ➲ 本条说的转让名称，是法人、非法人组织全部转让名称，这不仅是转让名称，而且是让与名称权。这里的转让名称，不包括部分转让，即许可他人使用自己的名称。部分转让名称，适用许可使用合同，应当依照许可使用合同的约定，确定转让方和受让方的权利义务关系。

法律另有规定的情形 ➔ 法律另有规定的情形主要是指公法人。比如，国务院行政机构及其司级内设机构的名称应当规范、明确，并与该机构的类型和职能相称。国务院行政机构及其司级内设机构不得擅自变更名称。地方各级人民政府行政机构的设立、撤销、合并或者变更规格、名称，由本级人民政府提出方案，经上一级人民政府机构编制管理机关审核后，报上一级人民政府批准；其中，县级以上地方各级人民政府行政机构的设立、撤销或者合并，还应当依法报本级人民代表大会常务委员会备案。

案例指引

17. 夫妻离异后，一方能否变更未成年子女的姓名？[①]

2011 年 10 月，被告向某云与原告向某杉（未成年人）之母郑某离婚，约定原告由母亲郑某抚养。原告跟随郑某生活后，郑某将其姓名变更为“郑某文”，原告一直使用“郑某文”生活、学习，以“郑某文”之名参加数学、美术、拉丁舞等国内、国际比赛，并多次获奖。2018 年 12 月，被告向某云向派出所申请将原告姓名变更回“向某杉”。在原告姓名变更回“向某杉”后，其学习、生活、参赛均产生一定困扰。原告及其母亲郑某与被告向某云协商未果，原告诉至法院，请求判令被告配合原告将原告姓名变更为“郑某文”。审理中，原告到庭明确表示，其愿意使用“郑某文”这一姓名继续生活。

---

① 参见《民法典颁布后人格权司法保护典型民事案例》（2022 年 4 月 11 日发布），变更未成年子女姓名应遵循自愿和有利成长原则——未成年人姓名变更维权案，载最高人民法院网 https：//www.court.gov.cn/zixun-xiangqing-354261.html，最后访问日期：2023 年 2 月 27 日。

重庆市合川区人民法院经审理认为，姓名是自然人参与社会生活的人格标志，依照《民法典》第1012条的规定，自然人有权依法决定、使用、变更或者许可他人使用自己的姓名，但不得违反公序良俗。父母离婚后涉及未成年人利益的纠纷处理，应坚持以未成年人利益最大化为原则。本案中，原告多年来持续使用“郑某文”这一姓名，该姓名既已为亲友、老师、同学所熟知，也已成为其人格的标志，是其生活、学习的重要组成部分。原告作为年满12周岁的未成年人，已经能够理解该姓名的文字含义及人格象征意义，结合其多次参加国际、国内赛事的获奖经历以及自身真实意愿，继续使用该姓名，有利于原告的身心健康和成长。遂依照相关法律规定，判决被告配合原告将户籍登记姓名变更回“郑某文”。

本案系适用《民法典》保护未成年人合法姓名变更权的典型案例。实务中，因夫妻离异后一方变更未成年人姓名而频频引发纠纷。本案审理法院坚持以未成年人利益最大化为原则，将《民法典》人格权编最新规定与《未成年人保护法》有机结合，充分听取具有一定判断能力和合理认知的未成年人的意愿，尊重公民姓名选择的自主权，最大限度地保护了未成年人的人格利益，收到了良好的社会效果。

关联参见

《高等教育法》第29条；《律师法》第21条；《商业银行法》第24条；《保险法》第84条；《劳动合同法》第33条

第一千零一十七条　【姓名与名称的扩展保护】具有一定社会知名度，被他人使用足以造成公众混淆的笔名、艺名、网名、译名、字号、姓名和名称的简称等，参照适用姓名权和名称权保护的有关规定。

条文解读

本条是对笔名、艺名、网名、字号及简称予以保护的规定。

笔名，是写作者在发表作品时使用的标表作者人格特征的署名，例如鲁迅、二月河等。

艺名，是艺术家在艺术领域使用的标表自己人格特征的署名，例如红线女、小白玉霜等。

网名，是自然人以及其他主体在互联网等网络上使用的署名、昵称。

字号，是法人、非法人组织的名号。姓名的简称，通常是只称谓姓或者只称谓名，或者其他简称例如字、号。

法人、非法人组织名称的简称比较普遍，例如北京大学称为北大、南京大学称为南大。

法定姓名和其他“姓名”的区别关键在于：法定姓名经过登记故而作为公法权利义务和社会普遍管理的唯一符号，其他“姓名”不具有这种公法上的意义，但这并不意味着其他“姓名”不受私法上姓名权的保护。

实务应用

17. 笔名、艺名被冒用，确定侵权责任时有哪些注意事项？

在写作或艺术活动中，一些作家或演艺家常常喜欢隐去真实姓名，根据面临的社会环境、写作内容或者个人喜好、审美情趣等，采用笔名、艺名取代其真实姓名。很多名人都有笔名或者艺名，甚至有可能比他们的真实姓名更“出名”。近年来，大批网络作家风靡一时，他们中大多以笔名为人们所熟悉。从社会效应来看，笔名、艺名等以一种无形资产的形式客观存在。现实生活中，因笔名、艺名等被侵犯而引发的纠纷较为多见，成为人格权侵权问题的多发区之一。

笔名、艺名被冒用，确定侵权责任时应注意以下两点：其一，笔名应当具备一定的社会知名度。“知名度”的标准是指以经过自身经营，使其笔名具有一定知名度，为相关领域内的公众所知悉。“知名度”标准源于商品化权，其仅为具有一定知名度的少数人所实际拥有。其二，笔名被他人使用足以造成公众混淆。笔名在被他人使用的过程中，如果足以让公众认为是原笔名所有者所为，就构成了侵犯他人姓名权的条件。

关联参见

《反不正当竞争法》第6条；《最高人民法院关于审理商标授权确权行政案件若干问题的规定》第20条

第四章 肖 像 权

第一千零一十八条 【肖像权及肖像】 自然人享有肖像权，有权依法制作、使用、公开或者许可他人使用自己的肖像。

肖像是通过影像、雕塑、绘画等方式在一定载体上所反映的特定自然人可以被识别的外部形象。

条文解读

肖像权 肖像权，是指自然人以在自己的肖像上所体现的人格利益为内容，享有的制作、使用、公开以及许可他人使用自己肖像的具体人格权。

肖像的要素 肖像的要素是：（1）表现方法是艺术或技术手段，如影像、雕塑、绘画等；（2）须固定在一定的载体之上，而不是镜中影、水中形；（3）可被识别，肖像具有人格标识的作用，可以通过固定在载体上的形象区分本人与他人人格特征的不同，不具有可识别性的形象就不是肖像；（4）自然人的外部形象，这个要素有些宽泛，因为通常界定肖像是“以面部形象为主的形象”，这里使用外部形象，并不专指肖像，而且也包含了“形象权”的概念，例如，可供识别的自然人的手、脚、背的外部形象被侵害，算不算是侵权呢？曾经讨论过的“半张脸”是否为肖像呢？在这个条文里，这些问题就能够得到答案。

肖像权的内容 （1）制作权。权利人可以依照自己的意愿，通过多种艺术表现形式制作自己的肖像，例如自拍。（2）使用权。权利人对于自己的肖像，依照自己的意愿决定如何使用，例如自我欣赏。（3）公开权。权利人有权依照自己的意愿决定自己的肖像是否可以公开，怎样进行公开。（4）许可他人使用权。权利人可以与他人协商，签订肖像许可使用合同，准许他人使用自己的肖像，这实际上是对肖像权使用权的部分转让，只要符合法律的规定，不违反法律规定和公序良俗，都是正当的行为。

实务应用

18. 漫画呈现的个人肖像，是否为法律意义上的肖像？

作为绘画艺术的一种，漫画能够体现人物的基本特征。一般来讲，漫画表现了人物的外部形象的最典型特征，因此，我们一旦看到一幅漫画就很容易对号入座，画中人和原型人之间的这种一一对应关系符合肖像权保护的一般规律。因此，漫画中所呈现的个人肖像也是法律意义上的肖像。

案例指引

18. 具备明显可识别性的肖像剪影，是否属于肖像权的保护范畴？①

被告某生物科技公司在其公众号上发布的一篇商业推广文章中，使用了一张对知名艺人甲某照片进行处理后形成的肖像剪影，文章中介绍公司即将迎来一名神秘“蓝朋友”并提供了大量具有明显指向性的人物线索，该文章评论区大量留言均提及甲某名字或其网络昵称。原告甲某认为被告侵犯其肖像权、姓名权，遂诉至法院要求被告立即撤下并销毁相关线下宣传物料、公开赔礼道歉、赔偿经济损失等。被告辩称，肖像剪影没有体现五官特征，不能通过其辨识出性别、年龄、身份等个人特征，不具备可识别性，不具备肖像的属性，被告未侵犯原告肖像权，且涉案文章刊载时间很短，影响范围较小，未给原告造成任何经济损失，不应承担侵权责任。

成都高新区人民法院经审理认为，《民法典》以“外部形象”“载体反映”“可识别性”三要素对肖像进行了明确界定，尤以可识别性作为判断是否为肖像的最关键要素。本案中，即便被告对原告照片进行了加工处理，无法看到完整的面部特征，但剪影所

① 参见《民法典颁布后人格权司法保护典型民事案例》（2022年4月11日发布），具有明显可识别性的肖像剪影属于肖像权的保护范畴——知名艺人甲某肖像权、姓名权纠纷案，载最高人民法院网 https：//www. court. gov. cn/zixun-xiangqing-354261. html，最后访问日期：2023年2月27日。

展现的面部轮廓（包括发型）仍具有原告的个人特征，属于原告的外部形象，而案涉文章的文字描述内容具有较强的可识别性，通过人物特征描述的“精准画像”，大大加强了该肖像剪影的可识别性，案涉文章的留言部分精选出的大量留言均评论该肖像剪影为甲某，更加印证了该肖像剪影的可识别性。综上，案涉文章中的肖像剪影在结合文章内其他内容情况下，具有明显可识别性，因此构成对原告肖像权的侵害，遂判决被告赔礼道歉并向原告支付经济损失 10 万元。

本案系《民法典》实施后的新类型侵犯肖像权案件，被告试图利用规则的模糊地带非法获取知名艺人的肖像利益，引发了社会关注。本案适用了《民法典》人格权编的最新规定进行审理，体现了对公民肖像权进行实质、完整保护的立法精神，有利于社会公众知悉、了解肖像权保护的积极变化，也促使社会形成严格尊重他人肖像的知法守法氛围。

关联参见

《广告法》第 33 条；《涉外民事关系法律适用法》第 46 条；《最高人民法院关于审理利用信息网络侵害人身权益民事纠纷案件适用法律若干问题的规定》第 1 条；《最高人民法院关于审理专利纠纷案件适用法律问题的若干规定》第 12 条

第一千零一十九条　【肖像权的保护】 任何组织或者个人不得以丑化、污损，或者利用信息技术手段伪造等方式侵害他人的肖像权。未经肖像权人同意，不得制作、使用、公开肖像权人的肖像，但是法律另有规定的除外。

未经肖像权人同意，肖像作品权利人不得以发表、复制、发行、出租、展览等方式使用或者公开肖像权人的肖像。

条文解读

本条从反面规定了肖像权的内容，也是肖像权保护的法律基础。

侵害肖像权的行为表现 (1) 丑化、污损为常见的侵害他人肖像权的行为。“丑化”是指通过艺术加工或者改造的方法，对他人的肖像加以歪曲、诬蔑、贬低，例如在他人的肖像上画叉或者画上胡须等。“污损”是指将他人的肖像损害且搞脏，例如往他人的照片上泼墨水或者焚烧、撕扯他人的照片等行为。但是，并不是所有的丑化、污损都构成违法行为。游乐场为增加娱乐效果将游客面部移到卡通图画上面等，没有达到丑化、污损的恶劣程度，不具有违法性的构成要件。(2) 利用信息技术手段伪造他人肖像为新规定。利用人工智能（AI）等信息技术手段能实现对人脸的“深度伪造”，可以实现肖像的任意移植，完全能达到以假乱真的目的。只要行为人利用信息技术手段伪造行为人的肖像，都可以适用本条及侵权责任编的有关规定予以规制。由于不少网站售卖“换脸”软件，网络服务提供者未尽相应义务可能要承担连带责任。

肖像权与著作权的协调 肖像作品既指专门针对自然人的肖像创作的作品如人像素描、摄影、塑像等，也可以指风景画作品中自然人的肖像，只要该肖像具有可识别性，就适用肖像权保护等有关规定。由于肖像是通过艺术方式固定在特定的载体之上，构成作品，因而就存在作品的著作权人，除非权利人本人自己作为作者，例如自画像。从原则上说，肖像的作者虽然享有肖像作品的著作权，但是受到肖像权的拘束，只要未经权利人的同意，肖像作品的权利人也不得以发表、复制、发行、出租、展览等方式使用或者公开肖像权人的肖像。本条所规定的“同意”既包括明示的同意，例如通过书面合同的方式明确许可他人制作、使用或者公开其肖像；也包括默示的同意，例如在户外主动摆拍照片等。另外需要注意，此处不要求以是否营利作为是否需要权利人同意的标准，也不以营利性作为侵害肖像权的构成要件。

案例指引

19. 人工智能软件擅自使用自然人形象创设虚拟人物，是否侵犯肖像权？[①]

甲运营某款智能手机记账软件，在该软件中，用户可以自行创设或添加“AI 陪伴者”，设定“AI 陪伴者”的名称、头像、与用户的关系、相互称谓等，并通过系统功能设置“AI 陪伴者”与用户的互动内容，系统称之为“调教”。本案中，乙系公众人物，在乙未同意的情况下，该软件中出现了以乙的姓名、肖像为标识的“AI 陪伴者”，同时，甲通过算法应用，将该角色开放给众多用户，允许用户上传大量乙的“表情包”，制作图文互动内容，从而实现“调教”该“AI 陪伴者”的功能。乙认为甲侵害了乙的姓名权、肖像权、一般人格权，故诉至法院，要求赔礼道歉并赔偿经济损失、精神损害抚慰金等。

---

① 参见《民法典颁布后人格权司法保护典型民事案例》（2022 年 4 月 11 日发布），人工智能软件擅自使用自然人形象创设虚拟人物构成侵权——“AI 陪伴”软件侵害人格权案，载最高人民法院网 https：//www. court. gov. cn/zixun-xiangqing-354261. html，最后访问日期：2023 年 2 月 27 日。

随着互联网产业模式的进一步创新，虚拟现实等新技术的不断发展，自然人人格要素被虚拟化呈现的应用日益增多。案涉软件中，用户使用乙的姓名、肖像创设虚拟人物，制作互动素材，将乙的姓名、肖像、人格特点等综合而成的整体形象投射到AI角色上，该AI角色形成了乙的虚拟形象，甲的行为属于对包含了乙肖像、姓名的整体人格形象的使用。同时，用户可以与该AI角色设定身份关系、设定任意相互称谓、通过制作素材“调教”角色，从而形成与乙真实互动的体验，甲对于案件的上述功能设置还涉及自然人的人格自由和人格尊严。虽然具体图文由用户上传，但甲的产品设计和对算法的应用实际上鼓励、组织了用户的上传行为，直接决定了软件核心功能的实现，甲不再只是中立的技术服务提供者，应作为内容服务提供者承担侵权责任。因此，甲未经同意使用乙的姓名、肖像，设定涉及乙的人格自由和人格尊严的系统功能，构成对乙的姓名权、肖像权、一般人格权的侵害。

20. 发表不当言论时附有他人清晰的脸部和身体特征的图片，如何承担法律责任？[①]

2021年7月7日，杜某峰通过其名为“西格隆咚锵的隆”的新浪微博账号发布一条微博（某网络技术有限公司系该平台经营者），内容为“日本地铁上的小乘客，一个人上学，那眼神里充满自信和勇气，太可爱了”，并附有楼某熙乘坐杭州地铁时的照片，引起网友热议。次日，楼某熙的母亲在新浪微博发布辟谣帖：“我是地铁小女孩的妈妈，网传我家孩子是日本小孩！在此特此申明：

① 参见《人民法院贯彻实施民法典典型案例（第一批）》（2022年2月25日发布），楼某熙诉杜某峰、某网络技术有限公司肖像权纠纷案，载最高人民法院网 https://www.court.gov.cn/zixun-xiangqing-347181.html，最后访问日期：2023年2月27日。

我家孩子是我大中华儿女，并深深热爱着我们的祖国！……”广大网友也纷纷指出其错误。杜某峰对此仍不删除案涉微博，还在该微博下留言，继续发表贬低祖国和祖国文化的言论。后该微博账号“西格隆咚锵的隆”由于存在其他不当言论被新浪微博官方关闭，所有发布的内容从新浪微博平台清除。楼某熙以杜某峰、某网络科技有限公司侵害其肖像权为由，提起诉讼。

生效裁判认为，自然人享有肖像权，有权依法制作、使用、公开或者许可他人使用自己的肖像；任何组织或者个人不得以丑化、污损，或者利用信息技术手段伪造等方式侵害他人的肖像权；未经肖像权人同意，不得制作、使用、公开肖像权人的肖像，但是法律另有规定的除外。本案中，杜某峰发布的案涉微博中使用的图片含有小女孩的清晰面部、体貌状态等外部身体形象，通过比对楼某熙本人的肖像，以社会一般人的认知标准，能够清楚确认案涉微博中的肖像为楼某熙的形象，故楼某熙对该图片再现的肖像享有肖像权。杜某峰在“七七事变”纪念日这一特殊时刻，罔顾客观事实，在众多网友留言指出其错误、楼某熙母亲发文辟谣的情况下，仍拒不删除案涉微博，还不断留言，此种行为严重损害了包括楼某熙在内的社会公众的国家认同感和民族自豪感，应认定为以造谣传播等方式歪曲使用楼某熙的肖像，严重侵害了楼某熙的肖像权。楼某熙诉请杜某峰赔礼道歉，有利于恢复其人格状态的圆满，有利于其未来的健康成长，依法应获得支持。遂判决杜某峰向楼某熙赔礼道歉，并赔偿楼某熙精神损害抚慰金、合理维权费用等损失。

本案是人民法院依法打击网络侵权行为，保护自然人人格权益的典型案件。本案中，行为人于“七七事变”纪念日在微博上发表不当言论，并附有他人的清晰脸部和身体特征的图片，意图达到贬低、丑化祖国和中国人的效果。该行为不仅侵犯了他人的肖像权，而且冲击了社会公共利益和良好的道德风尚。审理法院在本案判决中依法适用《民法典》的规定保护他人的肖像权，同时结合案情，将“爱国”这一社会主义核心价值观要求融入裁判说理，既依法维护了当事人的合法权益，也充分发挥了司法裁判的引领示范作用，突出弘扬了爱国主义精神的鲜明价值导向，有利于净化网络环境，维护网络秩序。

关联参见

《妇女权益保障法》第20条；《精神卫生法》第4条；《英雄烈士保护法》第22条；《艾滋病防治条例》第39条

第一千零二十条　【肖像的合理使用】合理实施下列行为的，可以不经肖像权人同意：

（一）为个人学习、艺术欣赏、课堂教学或者科学研究，在必要范围内使用肖像权人已经公开的肖像；

（二）为实施新闻报道，不可避免地制作、使用、公开肖像权人的肖像；

（三）为依法履行职责，国家机关在必要范围内制作、使用、公开肖像权人的肖像；

（四）为展示特定公共环境，不可避免地制作、使用、公开肖像权人的肖像；

（五）为维护公共利益或者肖像权人合法权益，制作、使用、公开肖像权人的肖像的其他行为。

条文解读

肖像的合理使用 符合本条规定的特定事由，可以不经过肖像权人的同意，直接使用肖像权人的肖像，不构成侵害肖像权。总体来讲，肖像权合理使用规则主要是针对非商业使用而言，而未涉及商业性使用的任何事由，商业性使用他人肖像，仍然需要经过肖像权人同意，并支付一定价款。合理使用不能超过一定的“度”，“必要范围”“不可避免”“已经公开”都是对合理的限制。

关联参见

《著作权法》第24条、第25条

第一千零二十一条 【肖像许可使用合同的解释】 当事人对肖像许可使用合同中关于肖像使用条款的理解有争议的，应当作出有利于肖像权人的解释。

条文解读

肖像许可使用合同 肖像许可使用合同，是肖像权人与授权使用人就肖像使用范围、方式、期限、报酬等内容进行约定的合同。这种合同可以是有偿的，也可以是无偿的。对此，双方当事人应当遵守约定，行使约定的权利和履行约定的义务，实现各自的利益。肖像许可使用合同可以对肖像使用的范围、方式、报酬等进行约定。双方当事人如果对这些约定发生争议，应当依照《民法典》合同编规定的合同解释原则进行解释。由于肖像许可使用合同是支配人格利益的合同，因此，在解释时，对争议应当作出有利于肖像权人的解释，以保护肖像权人的合法权益。例如，约定的使用方式不够明确，双方发生争议，为保护肖像权人的合法权益，可以采用肖像权人的理解作为解释的基础。

实务应用

19. 协议期内发布的照片，协议终止后未进行删除，是否构成侵权？

甲系知名运动员，曾与乙公司签署《合作协议》授权乙公司使用其肖像。乙公司在与甲解除《合作协议》后，继续使用甲的肖像，乙公司则认为，案涉图片推送于《合作协议》生效期间，乙公司使用甲的肖像符合合同约定。后甲以乙公司侵犯其肖像权为由，向法院提起侵害肖像权之诉。

肖像许可使用合同虽然是发生在平等主体之间的交易关系，但肖像使用人对肖像权人人格利益进行使用的范围和使用的方式，将直接影响到肖像权人的人格尊严与人格自由。通常而言，当当事人对合同发生争议时，应当根据《民法典》第466条的规定，即应当按照所使用的词句，结合相关条款、行为的性质和目的、习惯以及诚信原则，确定合同条款的含义。本条规则系特殊规则，规范目的在于通过特殊解释方法直接干预具体案件当事人之间的关系，排除不利于肖像权人的解释结果，以维护利益平衡。

从价值衡量角度来看，自然人的人身自由、人格尊严受法律保护，肖像权属于自然人专属的绝对权利。甲作为其肖像的权利人，乙公司主张对他人肖像的使用已经取得授权，应当对此负举证责任。本案中，在《合作协议》没有明确约定协议解除后，乙公司可以继续在自媒体平台上保留含有甲的肖像宣传图片的情况下，应当作出有利于肖像权人的解释，即代言协议解除后，乙公司应当及时删除案涉图片，避免实践中出现代言期间较短，但相关宣传图片被长期使用的极端现象，如此有利于对自然人人格权、人格尊严的保护。

第一千零二十二条　【肖像许可使用合同期限】当事人对肖像许可使用期限没有约定或者约定不明确的，任何一方当事人可以随时解除肖像许可使用合同，但是应当在合理期限之前通知对方。

当事人对肖像许可使用期限有明确约定，肖像权人有正当理由的，可以解除肖像许可使用合同，但是应当在合理期限之前通知对方。因解除合同造成对方损失的，除不可归责于肖像权人的事由外，应当赔偿损失。

条文解读

本条是对肖像许可使用合同解除权的规定。肖像许可使用合同的解除权分为两种情况：

1. 没有约定期限或者期限约定不明确的解除规则。对于没有约定期限或者期限约定不明确的肖像许可使用合同，双方当事人可以随时解除合同。《民法典》对租赁合同、承揽合同、不定期物业服务合同、不定期合伙合同等都规定了随时解除权。为了避免对方当事人因合同解除受到损失，上述合同都规定了合理期限通知义务，这个期限因合同类型而有所不同，如《民法典》规定不定期物业服务合同，应当提前60日书面通知对方。本款涉及的合理期限需要结合具体情况具体分析。由于本款没有规定解除方式，双方当事人可以以书面或者口头方式解除合同。这种解除权是任意解除权，不受法定解除权、约定解除权、协商解除的限制，只要一方提出行使解除权，通知对方之后，该合同即解除。

2. 有明确约定的解除规则。当事人对肖像许可使用期限有明确约定，只有肖像权人享有解除权，且须有正当理由，才可以解除肖像许可使用合同，但是也应当在合理期限之前通知对方。与没有约定使用期限或者约定不明确的解除权的区别是，使用期限有明确约定的，在使用期限内行使解除权是肖像权人的权利，且须肖像权人有正当理由，使用肖像的一方当事人没有这种解除权。肖像权人没有正当理由也不得行使解除权。正当理由的确定，应当根据具体情形判断。肖像权人没有正当理由而解除合同的，构成违约，应当承担违约责任。肖像权人行使解除权，因解除合同造成对方损失的，应当承担赔偿责任，但是对因不可归责于肖像权人的事由而行使解除权的，不承担赔偿责任。

第一千零二十三条　【姓名、声音等的许可使用参照肖像许可使用】对姓名等的许可使用，参照适用肖像许可使用的有关规定。

对自然人声音的保护，参照适用肖像权保护的有关规定。

条文解读

本条是对其他人格利益许可使用和声音权的规定。本条规定了两个准用条款：

1. 对姓名、名称等其他人格利益等的许可使用，参照适用肖像许可使用合同规则的准用条款。对于人格利益许可使用的具体行使规则，人格权编只在肖像权的规定中，规定了肖像许可使用合同规则，没有对其他人格利益的许可使用作出具体规定。实际上，人格权人许可使用人格利益，具体规则基本上都是一样的，因此，采取了只规定肖像许可使用合同的规则，然后再规定本条的准用条款，规定姓名、名称等其他人格利益的许可使用，准用肖像许可使用合同的规则，规则明确、简洁，既便于操作，又节省立法的篇幅。准用的条款是本编第1021条和第1022条。

2. 声音权参照适用肖像权保护的规则。在所有的人格利益中，与肖像权的肖像利益最相似的就是声音。声音与姓名一样，都能够标表特定自然人主体的人格特征，不仅便于识别，而且具有相当的财产利益。声音权的内容包括：（1）声音录制专有权。和肖像权一样，声音权的首要内容体现在对声音的录制上。（2）声音使用专有权。声音使用专有权包括两方面的内容：一是精神利益的使用权，权利人对自己的声音如何使用具有支配权。二是财产利益的使用权，权利人可以将自己的声音进行商业化的利用，并因此而获得收益。（3）声音处分专有权。当声音利益表现为一种精神利益的时候，声音权不可以被转让和许可使用。但是当声音利益表现为一种财产利益的时候，自然人也可以同他人签订有偿的声音利益部分转让或者许可使用合同。（4）声音利益保护请求权。如果声音权受到侵犯，那么权利人可以依据侵犯事实，依法维护自己的利益，享有相应的救济权请求权，其主要包括了声音权请求权和声音权侵权请求权。

实务应用

20. 声音“模仿秀”综艺节目是否构成侵权？

声音代表一个自然人的人格特征，虽还不足以构成一种具体的人格权，但若对声音一概不予保护，任由他人随意复制、模仿、伪造特定自然人的声音，的确有可能对该自然人的人格尊严造成较大的损害。因此，对自然人的声音应当加以保护，但受到保护的声音应当足以识别到特定自然人，且考虑到声音毕竟还不能构成一种具体人格权，所以只能参照适用肖像的保护规则，不能完全适用肖像保护的规则，单纯模仿他人的声音并不构成侵权。现在不少电视节目举办的声音“模仿秀”原则上就不构成侵权，不宜适用肖像保护的规则，否则会对一般人的行为自由和表达意愿带来严重的限制。但是若以侮辱性或者其他违背公序良俗的方式模仿或者伪造他人的声音的，则可以适用肖像权保护的相关规定，予以禁止。

关联参见

《民法典》第 1165 条

第五章　名誉权和荣誉权

第一千零二十四条　【名誉权及名誉】民事主体享有名誉权。任何组织或者个人不得以侮辱、诽谤等方式侵害他人的名誉权。

名誉是对民事主体的品德、声望、才能、信用等的社会评价。

条文解读

名誉权 ➲ 名誉权，是指自然人和法人、非法人组织就其自身属性和价值所获得的社会评价，享有的保有和维护的具体人格权。名誉权的基本内容是对名誉利益的保有和维护的权利。

名誉是名誉权的客体，本条第2款对名誉的概念作了界定。应当区别的是，名誉分为主观名誉和客观名誉，作为名誉权客体的名誉是客观名誉，即独立于权利主体之外的“对民事主体的品德、声望、才能、信用等的社会评价”，既不是权利人对自己的自我评价，也不是权利人本身的自我感觉，而是社会对权利人的客观评价。主观名誉也叫名誉感，是主体对自己品德、声望、才能、信用等的自我评价和感受，名誉权对此不予以保护，只保护主体的客观名誉不为他人的非法行为侵害而降低。

实务应用

21. 律师函未经核实即发布，内容侵犯他人权益，应当如何处理？

律师事务所或者律师接受委托人的委托发布律师声明，应当对委托人要求发布的声明内容是否真实、合法进行必要的审查、核实。律师事务所或者律师未尽必要的审查义务，即按照委托人的要求发布署名律师声明，如果该律师声明违背事实，侵犯他人名誉权，律师事务所或者律师应对此承担连带侵权责任。

22. 用工单位对劳动者作出不实、不良的评价影响劳动者后续就业，是否构成侵权？

名誉是指根据公民的观点、行为、作用、表现等所形成的关于公民品德、才干及其他素质的总体社会评价，是对公民的社会价值的一般认识。公民享有名誉权，法律禁止用侮辱、诽谤等方式损害公民的名誉。用工单位对劳动者的劳动、工作情况作出的评价也是劳动者总体社会评价的重要组成部分。用工单位对劳动者作出不实、不良的评价，足以影响到劳动者今后的就业求职和工作生活的，构成对劳动者名誉权的侵犯。

案例指引

21. 未超出必要限度的负面评价，是否构成名誉侵权？①

原告某物业公司为某小区提供物业管理服务，被告吴某、案外人徐某系该小区业主。2020 年 12 月 11 日，徐某在业主微信群内发了 15 秒的短视频，并在群内发表“小区大门口动用该房屋维修金，你们大家签了字，同意了吗?”被告吴某接着发表“现在一点这个东西就这么多钱，到时电梯坏了，楼顶坏了等咋办，维修基金被物业套完了，拍拍屁股走人了，业主找谁去!”“真要大修没钱就自生自灭了，太黑心了”“所以这个小区成立业主委员会是迫在眉睫”“不管怎样你们签的字违规，我们不认可，要求公示名单”等言论，物业公司工作人员在该群内制止吴某并要求吴某道歉，吴某继续发表“凭什么跟你道歉”“我说的是事实”等。原告某物业公司认为被告吴某的言论侵害其名誉权，遂诉至法院，要求吴某公开赔礼道歉并赔偿损失。

二审江西省吉安市中级人民法院经审理认为，依据《民法典》

---

① 参见《民法典颁布后人格权司法保护典型民事案例》（2022 年 4 月 11 日发布），未超出必要限度的负面评价不构成名誉侵权——物业公司诉业主名誉侵权案，载最高人民法院网 https：//www. court. gov. cn/zixun-xiangqing-354261. html，最后访问日期：2023 年 2 月 27 日。

第110条、第1024条的规定，法人、非法人组织依法享有名誉权，任何组织或者个人不得以侮辱、诽谤等方式侵害他人名誉权。住宅专项维修资金的使用涉及业主的切身利益，被告吴某作为小区业主，在案涉业主微信群内围绕专项维修资金的申领、使用等不规范情形对原告某物业公司所作的负面评价，措辞虽有不文明、不严谨之处，但未超过必要的限度，不足以产生某物业公司社会评价降低的损害后果。物业公司系为业主提供服务的企业法人，对业主在业主群内围绕其切身权益所作发言具有一定容忍义务。因此，被告吴某不构成对原告名誉权的侵害。同时，法院认为，业主在行使监督权利时应当理性表达质疑、陈述观点。综上，判决驳回原告某物业公司的诉讼请求。

本案明确业主为维护自身权益对监督事项所作负面评价未超出必要限度的，不构成对物业公司的名誉侵权，依法合理划分了法人、非法人组织人格权的享有与公民行为自由的边界。

22. 如何认定微信群中的言论构成侵犯他人名誉权？[①]

北京兰世达光电科技有限公司、黄晓兰诉赵敏名誉权纠纷案

（最高人民法院审判委员会讨论通过　2020年10月9日发布）

关键词　民事/名誉权/网络侵权/微信群/公共空间

裁判要点

1. 认定微信群中的言论构成侵犯他人名誉权，应当符合名誉权侵权的全部构成要件，还应当考虑信息网络传播的特点并结合侵权主体、传播范围、损害程度等具体因素进行综合判断。

2. 不特定关系人组成的微信群具有公共空间属性，公民在此

① 最高人民法院指导案例143号。

类微信群中发布侮辱、诽谤、污蔑或者贬损他人的言论构成名誉权侵权，应当依法承担法律责任。

相关法条

1.《中华人民共和国民法通则》第101条、第120条[①]

2.《中华人民共和国侵权责任法》第6条、第20条、第22条[②]

基本案情

原告北京兰世达光电科技有限公司（以下简称兰世达公司）、黄晓兰诉称：黄晓兰系兰世达公司员工，从事机器美容美甲业务。自2017年1月17日以来，被告赵敏一直对二原告进行造谣、诽谤、诬陷，多次污蔑、谩骂，称黄晓兰有精神分裂，污蔑兰世达公司的仪器不正规、讹诈客户，并通过微信群等方式进行散布，造成原告名誉受到严重损害，生意受损，请求人民法院判令：一、被告对二原告赔礼道歉，并以在北京市顺义区X号张贴公告、北京当地报纸刊登公告的方式为原告消除影响、恢复名誉；二、赔偿原告兰世达公司损失2万元；三、赔偿二原告精神损害抚慰金各5000元。

被告赵敏辩称：被告没有在小区微信群里发过损害原告名誉的信息，只与邻居、好朋友说过与二原告发生纠纷的事情，且此事对被告影响亦较大。兰世达公司仪器不正规、讹诈客户非被告一人认为，其他人也有同感。原告的美容店经常不开，其损失与被告无关。故请求驳回原告的诉讼请求。

法院经审理查明：兰世达公司在北京市顺义区某小区一层开有一家美容店，黄晓兰系该公司股东兼任美容师。2017年1月17

---

① 现分别为《民法典》第990条、第995条。

② 现分别为《民法典》第1165条、第1182条、第1183条。

日 16 时许，赵敏陪同住小区的另一业主到该美容店做美容。黄晓兰为顾客做美容，赵敏询问之前其在该美容店祛斑的事情，后二人因美容服务问题发生口角。后公安部门对赵敏作出行政处罚决定书，给予赵敏行政拘留三日的处罚。

原告主张赵敏的微信昵称为 X 郡主（微信号 X---calm），且系小区业主微信群群主，双方发生纠纷后赵敏多次在业主微信群中对二原告进行造谣、诽谤、污蔑、谩骂，并将黄晓兰从业主群中移出，兰世达公司因赵敏的行为生意严重受损。原告提供微信聊天记录及张某某的证人证言予以证明。微信聊天记录来自两个微信群，人数分别为 345 人和 123 人，记载有昵称 X 郡主发送的有关黄晓兰、兰世达公司的言论，以及其他群成员询问情况等的回复信息；证人张某某是兰世达公司顾客，也是小区业主，其到庭陈述看到的微信群内容并当庭出示手机微信，群主微信号为 X---calm。

赵敏对原告陈述及证据均不予认可，并表示其 2016 年在涉诉美容店做激光祛斑，黄晓兰承诺保证全部祛除掉，但做过两次后，斑越发严重，多次沟通，对方不同意退钱，事发当日其再次咨询此事，黄晓兰却否认赵敏在此做过祛斑，双方发生口角；赵敏只有一个微信号，且经常换名字，现在业主群里叫 X 果，自己不是群主，不清楚群主情况，没有加过黄晓兰为好友，也没有在微信群里发过损害原告名誉的信息，只与邻居、朋友说过与原告的纠纷，兰世达公司仪器不正规、讹诈客户，其他人也有同感，公民有言论自由。

经原告申请，法院自深圳市腾讯计算机系统有限公司调取了微信号 X---calm 的实名认证信息，确认为赵敏，同时确认该微信号与黄晓兰微信号 X-HL 互为好友时间为 2016 年 3 月 4 日 13：16：

18。赵敏对此予以认可，但表示对于微信群中发送的有关黄晓兰、兰世达公司的信息其并不清楚，现已经不用该微信号了，也退出了其中一个业主群。

裁判结果

北京市顺义区人民法院于2017年9月19日作出（2017）京0113民初5491号民事判决：一、被告赵敏于本判决生效之日起七日内在顺义区X房屋门口张贴致歉声明，向原告黄晓兰、北京兰世达光电科技有限公司赔礼道歉，张贴时间为七日，致歉内容须经本院审核；如逾期不执行上述内容，则由本院在上述地址门口全文张贴本判决书内容；二、被告赵敏于本判决生效之日起七日内赔偿原告北京兰世达光电科技有限公司经济损失三千元；三、被告赵敏于本判决生效之日起七日内赔偿原告黄晓兰精神损害抚慰金二千元；四、驳回原告黄晓兰、北京兰世达光电科技有限公司的其他诉讼请求。宣判后，赵敏提出上诉。北京市第三中级人民法院于2018年1月31日作出（2018）京03民终725号民事判决：驳回上诉，维持原判。

裁判理由

法院生效裁判认为：名誉权是民事主体依法享有的维护自己名誉并排除他人侵害的权利。民事主体不仅包括自然人，也包括法人及其他组织。《中华人民共和国民法通则》第一百零一条规定，公民、法人享有名誉权，公民的人格尊严受法律保护，禁止用侮辱、诽谤等方式损害公民、法人的名誉。

本案的争议焦点为，被告赵敏在微信群中针对原告黄晓兰、兰世达公司的言论是否构成名誉权侵权。传统名誉权侵权有四个构成要件，即受害人确有名誉被损害的事实、行为人行为违法、违法行为与损害后果之间有因果关系、行为人主观上有过错。对于微信群中的言论是否侵犯他人名誉权的认定，要符合传统名誉权侵权的全部构成要件，还应当考虑信息网络传播的特点并结合侵权主体、传播范围、损害程度等具体因素进行综合判断。

本案中，赵敏否认其微信号 X---calm 所发的有关涉案信息是其本人所为，但就此未提供证据证明，且与已查明事实不符，故就该抗辩意见，法院无法采纳。根据庭审查明情况，结合微信聊天记录内容、证人证言、法院自深圳市腾讯计算机系统有限公司调取的材料，可以认定赵敏在与黄晓兰发生纠纷后，通过微信号在双方共同居住的小区两个业主微信群发布的信息中使用了“傻X”“臭傻 X”“精神分裂”“装疯卖傻”等明显带有侮辱性的言论，并使用了黄晓兰的照片作为配图，而对于兰世达公司的“美容师不正规”“讹诈客户”“破仪器”“技术和产品都不灵”等贬损性言辞，赵敏未提交证据证明其所发表言论的客观真实性；退一步讲，即使有相关事实发生，其亦应通过合法途径解决。赵敏将上述不当言论发至有众多该小区住户的两个微信群，其主观过错明显，从微信群的成员组成、对其他成员的询问情况以及网络信息传播的便利、广泛、快捷等特点来看，涉案言论确易引发对黄晓兰、兰世达公司经营的美容店的猜测和误解，损害小区公众对兰世达公司的信赖，对二者产生负面认识并造成黄晓兰个人及兰世达公司产品或者服务的社会评价降低，赵敏的损害行为与黄晓兰、兰世达公司名誉受损之间存在因果关系，故赵敏的行为符合侵犯名誉权的要件，已构成侵权。

行为人因过错侵害他人民事权益，应当承担侵权责任。不特定关系人组成的微信群具有公共空间属性，公民在此类微信群中发布侮辱、诽谤、污蔑或者贬损他人的言论构成名誉权侵权，应当依法承担法律责任。公民、法人的名誉权受到侵害，有权要求停止侵害，恢复名誉，消除影响，赔礼道歉，并可以要求赔偿损失。现黄晓兰、兰世达公司要求赵敏基于侵犯名誉权之行为赔礼道歉，符合法律规定，应予以支持，赔礼道歉的具体方式由法院酌情确定。关于兰世达公司名誉权被侵犯产生的经济损失，兰世达公司提供的证据不能证明实际经济损失数额，但兰世达公司在涉诉小区经营美容店，赵敏在有众多该小区住户的微信群中发表不当言论势必会给兰世达公司的经营造成不良影响，故对兰世达公司的该项请求，综合考虑赵敏的过错程度、侵权行为内容与造成的影响、侵权持续时间、兰世达公司实际营业情况等因素酌情确定。关于黄晓兰主张的精神损害抚慰金，亦根据上述因素酌情确定具体数额。关于兰世达公司主张的精神损害抚慰金，缺乏法律依据，故不予支持。

关联参见

《检察官法》第66条；《法官法》第65条；《公务员法》第110条；《英雄烈士保护法》第22条；《治安管理处罚法》第42条；《网络安全法》第12条；《国家赔偿法》第35条；《未成年人保护法》第111条

第一千零二十五条　【新闻报道、舆论监督与保护名誉权关系问题】 行为人为公共利益实施新闻报道、舆论监督等行为，影响他人名誉的，不承担民事责任，但是有下列情形之一的除外：

（一）捏造、歪曲事实；

（二）对他人提供的严重失实内容未尽到合理核实义务；

（三）使用侮辱性言辞等贬损他人名誉。

条文解读

本条是对新闻报道、舆论监督等影响他人名誉免责及除外条款的规定。正当的新闻报道和舆论监督等行为，具有社会正当性，是合法行为，也是履行媒体新闻批评职责的正当行为。媒体在新闻报道和舆论监督等正当的新闻行为中，即使发生了对他人名誉造成影响的后果，也不构成侵害名誉权，不承担民事责任。例如，批评食品企业卫生条件不好督促其改进，对其名誉有一定的影响，但是不构成侵害名誉权，而是正当的舆论监督行为。

在新闻报道和舆论监督等新闻行为中，如果存在以下法定情形，则构成侵害名誉权：（1）行为人捏造、歪曲事实。这种情形是故意利用新闻报道、舆论监督而侵害他人名誉权的行为。捏造事实是无中生有，歪曲事实是不顾真相而进行歪曲。这些都是故意所为，性质恶劣，构成侵害名誉权。（2）对他人提供的严重失实内容未尽到合理核实义务。这种情形是新闻事实严重失实，是因未尽合理核实义务而使事实背离真相，是过失所为。其实不只是对他人提供的严重失实内容未尽核实义务，即使媒体自己采制的新闻，未尽必要注意而使新闻事实严重失实的，同样也构成侵害名誉权的行为。（3）使用侮辱性言辞等贬损他人名誉。在新闻报道、舆论监督中，虽然没有上述两种情形，但是在其中有使用侮辱言辞等过度贬损他人名誉，对其人格有损害的，也构成侵害名誉权的行为。

实务应用

23. 公安机关在向新闻媒体提供侦破案件的相关资料时，应注意哪些事项？[①]

公安机关在向新闻媒体提供侦破案件的相关资料，供新闻媒体用于新闻报道时，应尽谨慎注意义务以保护他人合法权益。未尽此义务导致他人名誉权受到侵犯的，应承担相应的民事责任。公安机关侦查行为的合法性、配合新闻媒体进行法制宣传的正当性以及新闻媒体自身在新闻报道中的过失，均不构成免除公安机关上述民事责任的法定事由。

案例指引

23. 媒体如实曝光食品安全问题，是否构成侵权？[②]

2018 年，朱某云经营的熟菜作坊因卫生问题被某省广播电视总台曝光，后被相关部门取缔。2 年后朱某云易地重开，以其女儿名义成立某卤菜厂。某省广播电视总台的记者暗访发现，某卤菜厂生产环境堪忧，遂向市场监督管理局举报。当地市场监督管理局查明，某卤菜厂涉嫌经营腐败变质食品，且存在其他违法行为，对其作出行政处罚。某省广播电视总台报道了这一事实，报道中指出：记者在某卤菜厂实地拍摄，地上血水、污水混流，绿头苍

---

① 参见《李海峰等诉叶集公安分局、安徽电视台等侵犯名誉权、肖像权纠纷案》，载《最高人民法院公报》2007 年第 2 期。

② 参见《第二批人民法院大力弘扬社会主义核心价值观典型民事案例》（2022 年 2 月 23 日发布），媒体如实曝光食品安全问题不属于侵权行为——某卤菜厂诉某省广播电视总台名誉权纠纷案，载最高人民法院网 https：//www. court. gov. cn/zixun-xiangqing-346671. html，最后访问日期：2023 年 2 月 27 日。

蝇随处可见，包装袋上爬有白色蛆虫，工人没有任何防护直接在脏地板上操作。同时，案涉报道中插播了记者 2018 年在朱某云经营的熟菜作坊拍摄的视频，视频右上角标注了时间“2018 年 6 月”。某卤菜厂以某省广播电视总台混淆事实侵犯其名誉权为由提起诉讼，要求某省广播电视总台撤回报道、赔礼道歉、赔偿损失。

人民法院认为，某省广播电视总台报道食品卫生问题、揭露食品安全隐患是职责所系，目的是维护社会公共利益，并无侵犯他人名誉权之故意。案涉报道反映出某卤菜厂卫生环境恶劣，且工人操作极不规范，对此市场监督管理局已调查核实，并对某卤菜厂作出行政处罚。报道内容与行政处罚决定书及记者实地拍摄的视频可相互印证，故某省广播电视总台不存在捏造、歪曲事实之情形。案涉新闻系实地拍摄后经剪辑形成，内容来源准确可靠。某省广播电视总台已尽到合理核实义务。报道中的评论性用语较为公正客观，不存在恶意贬损和侮辱诽谤的情形。某省广播电视总台插播朱某云 2018 年违规经营的视频，一方面是出于讲述新闻事实前因后果的需要，另一方面意在回顾朱某云的违法行为，倡导监管机制常态化。案涉报道中对于插播的 2018 年视频进行了时间标注，并未混淆事实、误导观众。综上，某省广播电视总台实施的新闻报道并未侵犯某卤菜厂的名誉权，判令驳回某卤菜厂的全部诉讼请求。

依法报道新闻事件是新闻媒体的权利。加强对问题食品的新闻舆论监督有利于保护人民群众“舌尖上的安全”。本案系媒体实施新闻报道引发的名誉权纠纷，在法律层面，涉及新闻自由与名誉权保护之间的平衡问题；在社会层面，涉及与千家万户息息相关的食品安全问题；在道德层面，涉及企业商家诚实守信的经营准则问题。食品卫生问题关乎国计民生，“舌尖上的安全”不容侵犯。本案通过对朱某云一再违规生产的行为作出否定性评价，明确了新闻舆论监督权与经营者名誉权的边界，鼓励新闻媒体通过合法合规方式揭露社会问题，维护公共利益。本案对于引导商户诚信经营、推进信用体系建设、形成良好社会风气具有积极作用，不仅弘扬了敬业、诚信的社会主义核心价值观，更彰显了人民法院保护人民群众“舌尖上的安全”、依法支持新闻舆论监督的态度和决心。

关联参见

《最高人民法院关于审理利用信息网络侵害人身权益民事纠纷案件适用法律若干问题的规定》第11条

第一千零二十六条　【认定是否尽到合理核实义务的考虑因素】认定行为人是否尽到前条第二项规定的合理核实义务，应当考虑下列因素：

（一）内容来源的可信度；

（二）对明显可能引发争议的内容是否进行了必要的调查；

（三）内容的时限性；

（四）内容与公序良俗的关联性；

（五）受害人名誉受贬损的可能性；

（六）核实能力和核实成本。

条文解读

本条是对新闻媒体承担合理核实义务的规定。

本条解释“合理核实义务”，是本编第1025条第2项规定的传统媒体负有的义务，而非网络媒体的核实义务。确定传统媒体在新闻报道和舆论监督中是否尽到合理核实义务的因素是：(1) 内容来源的可信度。如果是权威消息来源，则不必进行核实。(2) 对明显可能引发争议的内容是否进行了必要的调查。如果未调查，为未尽合理核实义务。(3) 内容的时限性。即是否须及时报道，不及时报道是否会损害公众知情权。(4) 内容与公序良俗的关联性。与公序良俗具有相当关联性的，应当履行合理核实义务。(5) 受害人名誉受贬损的可能性。新闻报道或者舆论监督的内容即使发表，受害人名誉的贬损可能性不大的，不认为是未尽核实义务。(6) 核实能力和核实成本。一是媒体的核实能力，例如需要专业调查甚至侦查才能核对属实的新闻，媒体显然做不到核查是否属实；二是核实成本过巨，得不偿失，也不必苛求媒体必须核实。新闻报道、舆论监督，未尽合理核实义务，造成事实失实，侵害了受害人的名誉权的，都应当承担民事责任。

案例指引

24. 未经核实，采取投诉、公开发布指责声明的方式，侵犯同行业公司名誉，应当承担何种法律责任？[①]

原告安徽某医疗科技公司与被告安徽某健康科技公司均生产防护口罩。2021年7月，安徽某健康科技公司向安徽省商务厅投诉称，安徽某医疗科技公司盗取其公司防护口罩的产品图片等宣

① 参见《人民法院贯彻实施民法典典型案例（第二批）》（2023年1月12日发布），安徽某医疗科技公司诉安徽某健康科技公司名誉权纠纷案，载最高人民法院网 https://www.court.gov.cn/zixun-xiangqing-386521.html，最后访问日期：2023年2月27日。

传资料，并冒用其公司名义在国际电商平台上公开销售产品。随后，安徽某医疗科技公司收到安徽省商务厅的约谈通知。与此同时，该公司不断接到客户电话反映称，安徽某健康科技公司在公司官网、微信公众号上发布指责其盗用防护口罩名称、包装的文章，被各大网络平台转载。经查，涉案国际电商平台设立在东南亚某国，安徽某医疗科技公司从未在该平台上注册企业用户信息，也不是该平台的卖家商户，虽然平台上确有安徽某健康科技公司防护口罩的产品信息，但网页配图中安徽某医疗科技公司的厂房和车间图片系被盗用和嫁接。为了维护自身合法权益，安徽某医疗科技公司诉至法院，请求判令安徽某健康科技公司立即停止侵犯名誉权行为并赔礼道歉。安徽某健康科技公司提起反诉，要求安徽某医疗科技公司立即停止在国际电商平台销售和宣传侵权产品，并赔礼道歉。

生效裁判认为，涉案国际电商平台上涉及两家公司的商品信息均为网站用户在其个人终端上自主上传，安徽某医疗科技公司没有在该平台上注册过企业用户信息，不具备在该电商平台上销售产品的前提条件，网页配图系被他人盗用。安徽某健康科技公司发现平台用户存在侵权行为后，应当第一时间向该电商平台要求采取删除、屏蔽、断开链接等必要措施，并查清实际侵权人。但安徽某健康科技公司未核实信息来源，仅凭配发的安徽某医疗科技公司图片即向有关部门投诉。在投诉尚无结论时，安徽某健康科技公司即在公司官网及微信公众号发布不实言论，主观认定安徽某医疗科技公司假冒、仿冒其公司产品，文章和声明被各大网络平台大量转载和传播，足以引导阅读者对安徽某医疗科技公司产生误解，致使公司的商业信誉降低，社会评价下降。安徽某健康科技公司的行为严重侵犯安徽某医疗科技公司的企业名誉，构成侵权，应当承担相应的民事责任。据此，依法判决安徽某健康科技公司停止侵害、删除发布在网站上的不实信息并登报赔礼道歉，驳回安徽某健康科技公司的反诉。

党的二十大报告强调要优化民营企业发展环境，依法保护民营企业产权和企业家权益，促进民营经济发展壮大。企业名誉是企业赖以生存和发展的重要基础，依法保护企业名誉权是构建法治化营商环境的应有之义。《民法典》第 110 条确认了法人、非法人组织享有名誉权，第 1024 条规定任何组织和个人不得以侮辱、诽谤等方式侵害他人名誉权。本案中，安徽某健康科技公司未经核实，采取投诉、公开发布指责声明的方式，侵犯同行业安徽某医疗科技公司的名誉，致使其商业信誉降低，构成侵犯企业名誉权。人民法院依法判决安徽某健康科技公司停止侵害、删除发布在网站上的不实信息并登报赔礼道歉，既保护了被侵权企业的合法权益，也有利于维护市场竞争秩序，促进行业在良性竞争中发展。

第一千零二十七条　【文学、艺术作品侵害名誉权的认定与例外】 行为人发表的文学、艺术作品以真人真事或者特定人为描述对象，含有侮辱、诽谤内容，侵害他人名誉权的，受害人有权依法请求该行为人承担民事责任。

行为人发表的文学、艺术作品不以特定人为描述对象，仅其中的情节与该特定人的情况相似的，不承担民事责任。

条文解读

本条是对文学、艺术作品侵害名誉权责任的规定。确定文学、艺术作品侵害名誉权责任，应当依照本条前后两款的规定来确定：

1. 以真人真事或者特定人为描述对象的作品。任何人发表的文学、艺术作品，凡是以真人真事或者特定人为描述对象的，由于其描述对象的确定性，因而只要在作品的内容中含有侮辱、诽谤等内容，对被描述的对象名誉权有损害的，就构成侵害名誉权，受害人享有名誉权请求权，可以请求作者承担侵害名誉权的民事责任。对此，关键之处是确定作品是否描述真人真事或者特定人。如果使用的是真实姓名，容易确定，这就是特定人。如果没有使用真实姓名，其判断标准是，基本的人格特征、基本生活工作经历是否相一致，如果具有上述一致性，可以认定描述的就是真人真事。

2. 不以特定人为描述对象的作品。如果行为人发表的文学、艺术作品不是以特定人为描述对象，仅是其中的情节与该特定人的情况相似的，不符合主要人格特征和主要生活工作经历的一致性原则，就不属于描述的是真人真事，不认为是对所谓的受害人的名誉权侵害，不应当承担民事责任。

关联参见

《宪法》第47条；《出版管理条例》第25条

第一千零二十八条　【名誉权人更正权】 民事主体有证据证明报刊、网络等媒体报道的内容失实，侵害其名誉权的，有权请求该媒体及时采取更正或者删除等必要措施。

条文解读

本条是对媒体报道内容失实负有更正和删除义务的规定。

这一规定与本法第1025条第2项规定相衔接。报刊、网络等媒体报道的内容失实，侵害名誉权的，负有的义务是更正和删除。不过，本条只规定限期更正或者删除还不全面，起码应当包括道歉。对于造成损害的，应当承担赔偿责任。

媒体自由报道是新闻自由的重要内容，放任媒体报道将有可能侵害他人的名誉权，但若对媒体科以过重的注意义务，又将影响到基本权利的行使。因此，在证明标准上应当协调好媒体自由与名誉权保护之间的关系。受害人应当将其掌握的可用以证明该媒体报道失实的所有相关证据提供给媒体，以便其尽快核实，所提供的证据应达到可与该报道内容形成矛盾关系的程度。如媒体报道某篇科研论文涉嫌抄袭，论文作者应提供该文章的查重报告。

关联参见

《英雄烈士保护法》第23条；《出版管理条例》第27条；《关于严防虚假新闻报道的若干规定》

第一千零二十九条　【信用评价】 民事主体可以依法查询自己的信用评价；发现信用评价不当的，有权提出异议并请求采取更正、删除等必要措施。信用评价人应当及时核查，经核查属实的，应当及时采取必要措施。

条文解读

本条是对信用权的变通规定。

信用 信用，是指民事主体包括自然人、法人、非法人组织对其所具有的经济能力，在社会上获得的信赖与评价。将信用评价在《民法典》中予以保护，表明基于信用评价的权利由一项侧重于金融征信领域的权利，上升至一项普遍的民事权益，其调整范围有所扩张。

信用权 ➲ 信用权，是指自然人、法人、非法人组织就其所具有的经济能力在社会上获得的相应信赖与评价，所享有的保有和维护的具体人格权。

对于信用权，原《民法通则》没有规定，而是采取适用名誉权的规定进行间接保护，即用保护名誉权的方法保护信用权。事实上，信用权是一个独立的具体人格权，与名誉权不仅基本内容不完全相同，保护的程度和方法也有所不同。人格权编虽然没有直接规定信用权，但是通过本条的变通规定，实际上规定了信用权。

本条规定的是信用权人对征信系统享有的权利：（1）民事主体可以依法查询自己的信用评价，征信机构不得拒绝；（2）发现信用评价不当的，有权提出异议，并要求采取更正、删除等必要措施，以保持信用权人信用评价资料和评价结论的正确性。

实务应用

24. 他人盗用、冒用自己姓名申办信用卡并透支消费，能否主张精神损害赔偿？

当事人因他人盗用、冒用自己的姓名申办信用卡并透支消费的侵犯姓名权行为，导致其在银行征信系统存有不良信用记录，对当事人从事商业活动及其他社会、经济活动具有重大不良影响，给当事人实际造成精神痛苦，妨碍其内心安宁，降低其社会评价，当事人有权请求精神损害赔偿。

25. 金融机构长期怠于核查更正债务人的信用记录，是否构成名誉侵权？[①]

原告周某某为案外人莫某某向被告上林某银行的贷款提供连带保证担保，后经2018年作出的生效判决认定，周某某的保证责任被免除。3年后，周某某经所在单位领导提示，于2021年4月25日在中国人民银行征信中心查询个人信用，发现其已被列入不良征信记录，遂向上林某银行提出书面异议，并申请消除不良征信记录。但该银行在收到周某某提出的异议后未上报信用更正信息，导致周某某的不良征信记录一直未消除，周某某在办理信用卡、贷款等金融活动中受限制。周某某遂诉至法院，要求上林某银行协助撤销周某某的不良担保征信记录，赔偿精神损失和名誉损失费，并登报赔礼道歉、消除影响。

广西壮族自治区上林县人民法院经审理认为，依据《民法典》第1029条的规定，信用评价关涉个人名誉，民事主体享有维护自己的信用评价不受他人侵害的权利，有权对不当信用评价提出异议并请求采取更正、删除等必要措施。上林某银行作为提供信用评价信息的专业机构，具有准确、完整、及时报送用户信用信息的权利和义务，发现信用评价不当的，应当及时核查并及时采取必要措施。本案中，上林某银行未及时核查周某某已依法免除担保责任的情况，在收到周某某的异议申请后，仍未上报信用更正

① 参见《民法典颁布后人格权司法保护典型民事案例》（2022年4月11日发布），金融机构长期怠于核查更正债务人信用记录可构成名誉侵权——债务人诉金融机构名誉侵权案，载最高人民法院网 https://www.court.gov.cn/zixun-xiangqing-354261.html，最后访问日期：2023年2月27日。

信息，造成征信系统对周某某个人诚信度作出不实记录和否定性评价，导致周某某在办理信用卡、贷款等金融活动中受限制，其行为构成对周某某名誉权的侵害。遂判决被告向中国人民银行征信中心报送个人信用更正信息，因报送更正信息足以消除影响，故对周某某主张赔偿损失、赔礼道歉等诉讼请求不予支持。

近年来，金融机构怠于核查、更正债务人信用记录引发的名誉权纠纷案件渐增。本案依法适用《民法典》关于“信用评价”的相关规定，明确金融机构具有如实记录、准确反映、及时更新用户信用记录的义务，对督促金融机构积极作为，加强日常征信管理，优化信用环境，引导公民增强个人信用意识，合法维护信用权益，具有积极意义。

关联参见

《电子商务法》第 39 条；《征信业管理条例》第 17 条、第 25 条

第一千零三十条　【处理信用信息的法律适用】民事主体与征信机构等信用信息处理者之间的关系，适用本编有关个人信息保护的规定和其他法律、行政法规的有关规定。

条文解读

本条是对民事主体与征信机构关系适用法律的规定。关于信用权和信用权人与征信机构之间的关系，人格权编除了第 1029 条规定之外，没有作进一步规定。由于信用权人和征信机构之间的权利义务关系与个人信息权人和个人信息处理者的权利义务关系

基本相同，因此规定准用条款，准用人格权编有关个人信息的规定，以及其他法律、行政法规的有关规定。其他法律如《个人信息保护法》《网络安全法》《全国人民代表大会常务委员会关于加强网络信息保护的决定》等。

征信机构征集信用信息准用的法律规定：在人格权编中，如第1035条规定的征集原则和条件，第1036条规定的处理个人信息的免责条款，第1037条自然人对信息处理者的权利，第1038条规定的信息处理者的义务等，在个人信用信息的征集、使用中都可以适用。

关联参见

《消费者权益保护法》第14条、第29条、第50条、第56条；《个人信息保护法》；《全国人民代表大会常务委员会关于加强网络信息保护的决定》；《网络安全法》第41—45条；《中小企业促进法》第23条；《商业银行法》第29条、第30条；《刑法》第253条之一；《征信业管理条例》；《个人信用信息基础数据库管理暂行办法》；《最高人民法院、最高人民检察院关于办理侵犯公民个人信息刑事案件适用法律若干问题的解释》；《最高人民法院关于公布失信被执行人名单信息的若干规定》第8条

第一千零三十一条　【荣誉权】民事主体享有荣誉权。任何组织或者个人不得非法剥夺他人的荣誉称号，不得诋毁、贬损他人的荣誉。

获得的荣誉称号应当记载而没有记载的，民事主体可以请求记载；获得的荣誉称号记载错误的，民事主体可以请求更正。

条文解读

荣誉 荣誉，是指特定民事主体在社会生产、社会活动中有突出表现或者突出贡献，政府、单位、团体等组织所给予的积极、肯定性的正式评价。在荣誉利益中，不仅包括精神利益，而且包括财产利益，例如给予特定民事主体以荣誉，不仅包括精神嘉奖，还包括物质奖励。

荣誉权 荣誉权，是指民事主体对其获得的荣誉及其利益所享有的保持、支配、维护的具体人格权。对于荣誉利益的精神利益，权利人的权利内容主要是保持和维护的权利；对于荣誉利益的财产利益，权利人对该财产利益与其他物的权利一样，享有支配权。

荣誉权权利人之外的所有自然人、法人和非法人组织，都负有不得非法剥夺他人的荣誉称号，不得诋毁、贬损他人的荣誉的法定义务。违反这种不可侵犯的法定义务，构成侵害荣誉权的行为，应当承担民事责任。

本条第 2 款规定的是荣誉权人的权利，即获得的荣誉称号应当记载而没有记载或者记载错误的，民事主体可以要求记载或者更正。这是荣誉权人对所获得的荣誉享有的保持和维护权利的体现。

实务应用

25. 荣誉权和名誉权的区别是什么？

荣誉与名誉确实具有相同之处，例如二者都属于一种社会评价。但二者还具有许多不同之处：一是荣誉是国家和社会给予民事主体的一种正式评价，其授予、剥夺或者撤销一般都需要依照严格的程序进行，特别是剥夺某民事主体的荣誉必须依照严格程序进行，否则就是侵犯民事主体的荣誉权；而名誉这种社会评价是由社会公众随意进行的，没有严格程序要求，也没有专门的格式要求。二是荣誉是政府、单位或者社会组织给予的评价，而非一般的社会评价；而名誉来源于社会公众，是社会公众的一般评价。三是荣誉是国家和社会给予民事主体的积极、褒奖性的评价，非消极评价；而名誉是社会对民事主体的综合评价，既包括积极的褒奖，也包括消极的批评，还包括中性的评价。且名誉是民事主体在社会经济活动中自然产生的，而荣誉不可能自然产生。基于此，本条将荣誉权独立于名誉权单独加以规定。

案例指引

26. 以细节考据、观点争鸣等名义对英雄烈士的事迹和精神进行贬损、丑化，是否应当承担民事责任？[①]

葛长生诉洪振快名誉权、荣誉权纠纷案

（最高人民法院审判委员会讨论通过　2018 年 12 月 19 日发布）

关键词　民事/名誉权/荣誉权/英雄烈士/社会公共利益

裁判要点

1. 对侵害英雄烈士名誉、荣誉等行为，英雄烈士的近亲属依法向人民法院提起诉讼的，人民法院应予受理。

2. 英雄烈士事迹和精神是中华民族的共同历史记忆和社会主义核心价值观的重要体现，英雄烈士的名誉、荣誉等受法律保护。人民法院审理侵害英雄烈士名誉、荣誉等案件，不仅要依法保护相关个人权益，还应发挥司法彰显公共价值功能，维护社会公共利益。

---

① 最高人民法院指导案例 99 号。

3. 任何组织和个人以细节考据、观点争鸣等名义对英雄烈士的事迹和精神进行污蔑和贬损，属于歪曲、丑化、亵渎、否定英雄烈士事迹和精神的行为，应当依法承担法律责任。

相关法条

《中华人民共和国侵权责任法》第2条、第15条①

基本案情

原告葛长生诉称：洪振快发表的《小学课本〈狼牙山五壮士〉有多处不实》一文以及《“狼牙山五壮士”的细节分歧》一文，以历史细节考据、学术研究为幌子，以细节否定英雄，企图达到抹黑“狼牙山五壮士”英雄形象和名誉的目的，请求判令洪振快停止侵权、公开道歉、消除影响。

被告洪振快辩称：案涉文章是学术文章，没有侮辱性的言词，关于事实的表述有相应的根据，不是凭空捏造或者歪曲，不构成侮辱和诽谤，不构成名誉权的侵害，不同意葛长生的全部诉讼请求。

法院经审理查明：1941年9月25日，在易县狼牙山发生了著名的狼牙山战斗。在这场战斗中，“狼牙山五壮士”英勇抗敌的基本事实和舍生取义的伟大精神，赢得了全中国人民的高度认同和广泛赞扬。新中国成立后，五壮士的事迹被编入义务教育教科书，五壮士被人民视为当代中华民族抗击外敌入侵的民族英雄。

2013年9月9日，时任《炎黄春秋》杂志社执行主编的洪振快在财经网发表《小学课本〈狼牙山五壮士〉有多处不实》一文。文中写道：据《南方都市报》2013年8月31日报道，广州越秀警方于8月29日晚间将一位在新浪微博上“污蔑狼牙山五壮士”的

① 现分别为《民法典》第120条、第179条。

网民抓获，以虚构信息、散布谣言为由予以行政拘留7日。所谓“污蔑狼牙山五壮士”的“谣言”原本就有。据媒体报道，该网友实际上是传播了2011年12月14日百度贴吧里一篇名为《狼牙山五壮士真相原来是这样!》的帖子的内容，该帖子说五壮士“5个人中有3个是当场被打死的，后来清理战场把尸体丢下悬崖。另两个当场被活捉，只是后来不知道什么原因又从日本人手上逃了出来。”2013年第11期《炎黄春秋》杂志刊发洪振快撰写的《“狼牙山五壮士”的细节分歧》一文，亦发表于《炎黄春秋》杂志网站。该文分为“在何处跳崖”“跳崖是怎么跳的”“敌我双方战斗伤亡”“‘五壮士’是否拔了群众的萝卜”等部分。文章通过援引不同来源、不同内容、不同时期的报刊资料等，对“狼牙山五壮士”事迹中的细节提出质疑。

裁判结果

北京市西城区人民法院于2016年6月27日作出（2015）西民初字第27841号民事判决：一、被告洪振快立即停止侵害葛振林名誉、荣誉的行为；二、本判决生效后三日内，被告洪振快公开发布赔礼道歉公告，向原告葛长生赔礼道歉，消除影响。该公告须连续刊登五日，公告刊登媒体及内容需经本院审核，逾期不执行，本院将在相关媒体上刊登判决书的主要内容，所需费用由被告洪振快承担。一审宣判后，洪振快向北京市第二中级人民法院提起上诉，北京市第二中级人民法院于2016年8月15日作出（2016）京02民终6272号民事判决：驳回上诉，维持原判。

裁判理由

法院生效裁判认为：1941年9月25日，在易县狼牙山发生的狼牙山战斗，是被大量事实证明的著名战斗。在这场战斗中，“狼牙山五壮士”英勇抗敌的基本事实和舍生取义的伟大精神，赢得了全国人民高度认同和广泛赞扬，是五壮士获得“狼牙山五壮士”崇高名誉和荣誉的基础。“狼牙山五壮士”这一称号在全军、全国人民中已经赢得了普遍的公众认同，既是国家及公众对他们作为中华民族的优秀儿女在反抗侵略、保家卫国中作出巨大牺牲的褒奖，也是他们应当获得的个人名誉和个人荣誉。“狼牙山五壮士”是中国共产党领导的八路军在抵抗日本帝国主义侵略伟大斗争中涌现出来的英雄群体，是中国共产党领导的全民抗战并取得最终胜利的重要事件载体。“狼牙山五壮士”的事迹经由广泛传播，已成为激励无数中华儿女反抗侵略、英勇抗敌的精神动力之一；成为人民军队誓死捍卫国家利益、保障国家安全的军魂来源之一。在和平年代，“狼牙山五壮士”的精神，仍然是我国公众树立不畏艰辛、不怕困难、为国为民奋斗终身的精神指引。这些英雄烈士及其精神，已经获得全民族的广泛认同，是中华民族共同记忆的一部分，是中华民族精神的内核之一，也是社会主义核心价值观的重要内容。而民族的共同记忆、民族精神乃至社会主义核心价值观，无论是从我国的历史看，还是从现行法上看，都已经是社会公共利益的一部分。

案涉文章对于“狼牙山五壮士”在战斗中所表现出的英勇抗敌的事迹和舍生取义的精神这一基本事实，自始至终未作出正面评价。而是以考证“在何处跳崖”“跳崖是怎么跳的”“敌我双方战斗伤亡”以及“‘五壮士’是否拔了群众的萝卜”等细节为主要线索，通过援引不同时期的材料、相关当事者不同时期的言论，全然不考虑历史的变迁，各个材料所形成的时代背景以及各个材料的语境等因素。在无充分证据的情况下，案涉文章多处作出似是而非的推测、质疑乃至评价。因此，尽管案涉文章无明显侮辱性的语言，但通过强调与基本事实无关或者关联不大的细节，引导读者对“狼牙山五壮士”这一英雄烈士群体英勇抗敌事迹和舍生取义精神产生质疑，从而否定基本事实的真实性，进而降低他们的英勇形象和精神价值。洪振快的行为方式符合以贬损、丑化的方式损害他人名誉和荣誉权益的特征。

案涉文章通过刊物发行和网络传播，在全国范围内产生了较大影响，不仅损害了葛振林的个人名誉和荣誉，损害了葛长生的个人感情，也在一定范围和程度上伤害了社会公众的民族和历史情感。在我国，由于“狼牙山五壮士”的精神价值已经内化为民族精神和社会公共利益的一部分，因此，也损害了社会公共利益。洪振快作为具有一定研究能力和熟练使用互联网工具的人，应当认识到案涉文章的发表及其传播将会损害到“狼牙山五壮士”的名誉及荣誉，也会对其近亲属造成感情和精神上的伤害，更会损害到社会公共利益。在此情形下，洪振快有能力控制文章所可能产生的损害后果而未控制，仍以既有的状态发表，在主观上显然具有过错。

关联参见

《英雄烈士保护法》第22条；《国家勋章和国家荣誉称号法》；《教师法》第33条

第六章 隐私权和个人信息保护

第一千零三十二条 【隐私权及隐私】 自然人享有隐私权。任何组织或者个人不得以刺探、侵扰、泄露、公开等方式侵害他人的隐私权。

隐私是自然人的私人生活安宁和不愿为他人知晓的私密空间、私密活动、私密信息。

条文解读

隐私 ➲ 隐私，一为私，二为隐，前者指纯粹是个人的，与公共利益、群体利益无关，后者指权利人不愿意将其公开为他人知晓。因此，隐私是指与公共利益、群体利益无关的私人生活安宁和当事人不愿他人知晓或他人不便知晓的私密信息，当事人不愿他人干涉或者他人不便干涉的私密活动，以及当事人不愿他人侵入或者他人不便侵入的私密空间。

隐私权 ➲ 隐私权是自然人享有的人格权，是指自然人对享有的私人生活安宁和不愿为他人知晓的私密空间、私密活动和私密信息等私生活安全利益自主进行支配和控制，不得他人侵扰的具体人格权。其内容是：(1) 对自己的隐私进行隐瞒，不为他人所知的权利；(2) 对自己的隐私享有积极利用，以满足自己的精神、物质等方面需要的权利；(3) 对自己的隐私享有支配权，只要不违背公序良俗即可。

隐私权的内容 ➲ 隐私包括四部分内容：一是私人生活安宁。私人生活的安定宁静是个人获得自尊心和安全感的前提和基础，自然人有权排除他人对其正常生活的骚扰。将私人生活安宁纳入隐私的范围，对于保护自然人的人格尊严极为重要。侵犯私人生活安宁的行为主要指本法第 1033 条规定的“以电话、短信、即时通讯工具、电子邮件、传单等方式侵扰他人的私人生活安宁”的行为。例如，向他人发送垃圾邮件、垃圾微信或者进行电话骚扰；

又如，在民事主体明确拒绝的情况下，还反复向他人发送小广告、散发传单等。二是私密空间。私密空间是指个人的隐秘范围，包括个人居所、私家车、日记、个人邮箱、个人的衣服口袋、身体的隐私部位以及旅行居住的宾馆客房等。自然人有权排除他人对自己私密空间的侵入。根据本法第1033条的规定，除法律另有规定或者权利人明确同意外，任何组织或者个人不得进入、拍摄、窥视他人的住宅、宾馆房间等私密空间；不得拍摄、窥视他人身体的私密部位。三是私密活动。私密活动是指自然人所进行的与公共利益无关的个人活动，例如日常生活、家庭活动、婚姻活动、男女之间的性生活等活动。根据本法第1033条的规定，除法律另有规定或者经权利人同意外，任何组织或者个人不得拍摄、窥视、窃听、公开他人的私密活动。婚外恋和婚外性生活，从道德上应当受到谴责，也可能受到党纪政纪的处分，但除了法律另有规定或者当事人同意外，也属于私密活动，不得向社会公布。四是私密信息。私密信息是指通过特定形式体现出来的有关自然人的病历、财产状况、身体缺陷、遗传特征、档案材料、生理识别信息、行踪信息等个人情况。这些个人情况是自然人不愿为他人所知晓的信息。根据本法第1033条的规定，除法律另有规定或者权利人明确同意外，任何组织或者个人不得处理他人的私密信息。

实务应用

26. 如何判断自然人的某一具体事物或者事务是否为隐私？

一般来说，可以从三个方面进行判断：一是私人性，不属于自然人私人的事物或者状态不属于隐私。二是主客观相结合性。隐私是一种客观状态，这种客观状态不受他人的意志影响，不以他人是否承认或者如何评价为转移。但同时，隐私又具有主观感受性，即为自然人主观内心不愿为他人所知或者不愿为他人干扰的一种状态。有一种参考原则称为隐私的“合理期待”原则。这里的“合理期待”原则既包括自然人主观上具有隐私期待利益，也包括客观上社会认为该种期待利益是合理的。如果某私密信息客观存在，但当事人自己主动公开或者主观上不想保密，则不属于隐私范畴。也正因如此，本条规定，隐私是自然人的私人生活安宁和“不愿为他人知晓”的私密空间、私密活动、私密信息。三是发展性。从隐私发展史看，隐私的范围和内容并非一成不变，它是随着社会的变迁而不断发展变化的。

案例指引

27. 近距离安装可视门铃，是否构成侵害邻里隐私权？[①]

原、被告系同一小区前后楼栋的邻居，两家最近距离不足 20 米。在小区已有安防监控设施的基础上，被告为随时监测住宅周边，在其入户门上安装一款采用人脸识别技术、可自动拍摄视频并存储的可视门铃，位置正对原告等前栋楼多家住户的卧室和阳台。原告认为，被告可通过手机软件操控可视门铃、长期监控原告住宅，侵犯其隐私，生活不得安宁。被告认为，可视门铃感应距离仅 3 米，拍摄到的原告家模糊不清，不构成隐私，其从未有窥探原告的意图，对方应予以理解，不同意将可视门铃拆除或移位。后原告诉至法院，请求判令被告拆除可视门铃、赔礼道歉并赔偿

① 参见《民法典颁布后人格权司法保护典型民事案例》（2022 年 4 月 11 日发布），近距离安装可视门铃可构成侵害邻里隐私权——人脸识别装置侵害邻居隐私案，载最高人民法院网 https：//www. court. gov. cn/zixun-xiangqing-354261. html，最后访问日期：2023 年 2 月 27 日。

财产损失及精神损害抚慰金。

上海市青浦区人民法院经审理认为，被告虽是在自有空间内安装可视门铃，但设备拍摄的范围超出其自有领域，摄入了原告的住宅。而住宅具有私密性，是个人生活安宁的起点和基础，对于维护人格尊严和人格自由至关重要。可视门铃能通过人脸识别、后台操控双重模式启动拍摄，并可长期录制视频并存储，加之原、被告长期近距离相处，都为辨认影像提供了可能，以此获取住宅内的私密信息和行为现实可行，原告的生活安宁确实将受到侵扰。因此，被告的安装行为已侵害了原告的隐私权。被告辩称其没有侵犯原告隐私的主观意图，原告对此应予容忍等意见，于法无据，法院不予采纳。因无充分证据证明原告因被告的行为造成实际精神及物质损害，故法院支持了原告要求被告拆除可视门铃的诉讼请求，而对其赔礼道歉及赔偿损失的请求未予支持。

本案就人工智能装置的使用与隐私权的享有发生冲突时的权利保护序位进行探索，强调了隐私权的优先保护，彰显了人文立场，对于正当、规范使用智能家居产品，避免侵害人格权益具有一定的借鉴和指导意义。

关联参见

《广告法》第9条、第43条、第44条；《电子商务法》第25条；《网络安全法》第12条、第45条；《传染病防治法》第12条；《治安管理处罚法》第80条；《人民调解法》第15条；《最高人民法院关于审理因垄断行为引发的民事纠纷案件应用法律若干问题的规定》第11条；《最高人民法院关于审理政府信息公开行政案件若干问题的规定》第6条、第8条

第一千零三十三条　【侵害隐私权的行为】除法律另有规定或者权利人明确同意外，任何组织或者个人不得实施下列行为：

（一）以电话、短信、即时通讯工具、电子邮件、传单等方式侵扰他人的私人生活安宁；

（二）进入、拍摄、窥视他人的住宅、宾馆房间等私密空间；

（三）拍摄、窥视、窃听、公开他人的私密活动；

（四）拍摄、窥视他人身体的私密部位；

（五）处理他人的私密信息；

（六）以其他方式侵害他人的隐私权。

条文解读

本条是对侵害隐私权行为的列举性规定。

任何组织或者个人作为隐私权的义务主体，都不得实施下列有关个人的私密空间、私密活动、私密部位、私密信息和生活安宁等侵害隐私权的行为：

1. 以电话、短信、即时通讯工具、电子邮件、传单等方式侵扰他人的生活安宁。生活安宁，是自然人享有的维持安稳宁静的私人生活状态，并排除他人不法侵扰，保持无形的精神需要的满足。电话、短信、即时通讯工具、电子邮件、传单等方式侵扰个人的生活安宁，通常称为骚扰电话、骚扰短信、骚扰电邮等，侵害个人的生活安宁，构成侵害隐私权。

2. 进入、拍摄、窥视他人的住宅、宾馆房间等私密空间。隐私权保护的私密空间，包括具体的私密空间和抽象的私密空间。前者如个人住宅、宾馆房间、旅客行李、学生书包、个人通信等，后者专指日记，即思想的私密空间。

3. 拍摄、窥视、窃听、公开他人的私密活动。私密活动是一切个人的，与公共利益无关的活动，如日常生活、社会交往、夫妻生活、婚外恋等。对此进行拍摄、录制、公开、窥视、窃听，都构成侵害私人活动。

4. 拍摄、窥视他人身体的私密部位。身体的私密部位也属于隐私，是身体隐私，例如生殖器和性感部位。拍摄或者窥视他人身体私密部位，构成侵害隐私权。

5. 处理他人的私密信息。私密信息是关于自然人个人的隐私信息，获取、删除、公开、买卖他人的私密信息，构成侵害隐私权。

6. 以其他方式侵害他人的隐私权。这是兜底条款，凡是侵害私密信息、私密活动、私密空间、身体私密、生活安宁等的行为，都构成侵害隐私权。

本条列举的6种侵害隐私权的行为，排除了两种行为不构成侵害隐私权：一是法律另有规定，即法律作出相反的规定的；二是获得权利人同意的，无论何种隐私，都因隐私权人同意而构成对侵害隐私权的有效抗辩，不成立侵害隐私权的行为。

案例指引

28. 通信公司擅自多次向用户拨打营销电话，是否侵犯用户的隐私权？[①]

2011年7月，原告孙某燕在被告某通信公司某市分公司处入

① 参见《人民法院贯彻实施民法典典型案例（第二批）》（2023年1月12日发布），孙某燕与某通信公司某市分公司等隐私权、个人信息保护纠纷案，载最高人民法院网 https://www.court.gov.cn/zixun-xiangqing-386521.html，最后访问日期：2023年2月27日。

网，办理了电话卡。2020 年 6 月至 12 月，孙某燕持续收到营销人员以某通信公司某市分公司工作人员的名义拨打的推销电话，以“搞活动”“回馈老客户”“赠送”“升级”等为由数次向孙某燕推销套餐升级业务。期间，原告孙某燕两次拨打该通信公司客服电话进行投诉，该通信公司客服在投诉回访中表示会将原告的手机号加入“营销免打扰”，以后尽量避免再向原告推销。后原告孙某燕又接到了被告的推销电话，经拨打该通信公司客服电话反映沟通未得到回复，遂通过工业和信息化部政务平台“电信用户申诉受理平台”进行申诉。该平台回复“在处理过程中，双方未能达成一致意见，依据《电信用户申诉处理办法》第 17、19、20 条等规定，因调解不成，故视为办结，建议依照国家有关法律规定就申诉事项向仲裁机构申请仲裁或者向人民法院提起诉讼”。原告孙某燕遂向人民法院提起诉讼，请求被告承担侵权责任。

生效裁判认为，自然人的私人生活安宁不受侵扰和破坏。本案中，孙某燕与某通信公司某市分公司之间的电信服务合同依法成立生效。某通信公司某市分公司应当在服务期内为孙某燕提供合同约定的电信服务。孙某燕提交的证据能够证明某通信公司某市分公司擅自多次向孙某燕进行电话推销，侵扰了孙某燕的私人生活安宁，构成了对孙某燕隐私权的侵犯。故判决被告某通信公司某市分公司未经原告孙某燕的同意不得向其移动通信号码拨打营销电话，并赔偿原告孙某燕交通费用 782 元、精神损害抚慰金 3000 元。

《民法典》在总则编和人格权编对隐私权和个人信息保护作出专门规定，丰富和完善了隐私权和个人信息保护的规则。特别是第 1033 条第 1 项对群众反映强烈的以电话、短信、即时通信工具、电子邮件等方式侵扰他人私人生活安宁的行为进行了严格规制，回应了社会关切。本案中，原告孙某燕使用被告某通信公司某市分公司提供的移动通信号码，并向其支付费用，故原、被告之间存在电信服务合同关系。某通信公司某市分公司在孙某燕多次明确表示不接受电话推销业务后，仍继续向孙某燕进行电话推销，其行为构成对孙某燕隐私权的侵犯。本案虽系依据原《民法总则》作出裁判，但也充分体现了《民法典》第1032条、第1033条第1项规定的精神，其裁判结果不仅维护了当事人的隐私权，更对当前群众反映强烈的问题作出了回应，亮明了司法态度。

关联参见

《宪法》第39条、第40条；《监察法》第24条；《刑法》第245条、第252条；《反间谍法》第32条；《治安管理处罚法》第42条、第48条；《人民警察法》第12条、第22条；《人民武装警察法》第29条；《未成年人保护法》第4条、第49条、第110条

第一千零三十四条　【个人信息保护】自然人的个人信息受法律保护。

个人信息是以电子或者其他方式记录的能够单独或者与其他信息结合识别特定自然人的各种信息，包括自然人的姓名、出生日期、身份证件号码、生物识别信息、住址、电话号码、电子邮箱、健康信息、行踪信息等。

个人信息中的私密信息，适用有关隐私权的规定；没有规定的，适用有关个人信息保护的规定。

条文解读

个人信息的内涵 ➲ 个人信息是以电子或者其他方式记录的，能够单独或者与其他信息结合而识别特定自然人的各种信息。其中：(1) 电子信息的记录方式是电子方式或者其他记录方式；(2) 能够单独或者与其他信息结合发挥作用；(3) 个人信息的表现形式是信息，即音讯、消息、通信系统传输和处理的对象，泛指人类社会传播的一切内容；(4) 个人信息的基本作用是识别特定自然人的人格特征，因而个人信息的基本属性是个人身份信息，而不是个人私密信息。从学术的角度上界定个人信息，即个人信息是对客观世界中特定自然人的身份状况和变化的反映，是特定自然人在与他人和客观事物之间活动的联系的表征，表现的是特定自然人的身份属性和人格特征的实质内容。

个人信息的外延 ➲ 自然人的姓名、出生日期、身份证件号码、生物识别信息、住址、电话号码、电子邮箱、行踪信息等。这些都是个人信息的组成部分。

个人信息与隐私的区别 ➲ 第一，二者的构成要件不同，隐私强调私密性，而个人信息强调识别性。第二，“隐私”与“个人信息”二者的范围有重合（重合部分可以称为隐私信息，即权利主体不愿为他人知晓的个人信息，如病史、犯罪记录等），但“个人信息”不仅包括不愿为外人知晓的“隐私信息”，还包括可以公开的“非隐私信息”（如姓名、性别等）；并且，“隐私”带有主观色彩，如身高、住址、电话号码等个人信息，有些人视为隐私，有些人视为可公开信息。法律既要保护自然人对其个人信息享有的人格权益，又要兼顾社会对个人信息的合理利用。鉴于信息自由流通具有的巨大社会效益和经济效益，《民法典》对个人信息权利的规定，应当兼顾自然人个人信息权益和信息资源有效利用的双重目的。而隐私权的保护，一般多着眼于权利主体的人格权益，更倾向于限制个人信息的收集与利用。因此，“个人信息”比“隐私”更适宜现代信息社会民法所要调整的法律关系。第三，从权利内容和救济方式而言，隐私权作为一种私生活受尊重的权利，多表现为消极被动和防御性的特点，它以侵害行为或侵害可能为前提，以维护人格尊严为目的，一般不具有财产利益。而个人信息得到保护的权利，表现为一种积极主动的请求权，不仅包括个人信息不受非法处理的内容，还包括权利主体对其个人信息的积极控制，如权利人有权决定其个人信息能否被他人收集、处理和利用以及如何利用，有权要求信息处理者修改不正确、不完整的个人信息以保证信息质量，有权针对商业目的的个人信息利用获取报酬等。第四，对二者的保护程度不同。对隐私权的保护程度要高于对个人信息的保护程度。

实务应用

27. 网络活动踪迹是否属于个人隐私？[①]

甲在浏览相关网站过程中发现，利用乙公司的搜索引擎搜索“减肥”“丰胸”等关键词并浏览相关内容后，在一些网站上就会相应地出现“减肥”“丰胸”的广告。甲认为，被告未经其知情和选择，利用网络技术记录和跟踪其所搜索的关键词，将其兴趣爱好、生活学习工作特点等显露在相关网站上，并利用记录的关键

① 参见龙卫球主编：《中华人民共和国民法典人格权编与侵权责任编释义》，中国法制出版社2021年版，第157页。

词，对其浏览的网页进行广告投放，侵害了原告的隐私权。

乙公司的搜索引擎在提供个性化推荐服务中运用网络技术收集、利用的是未能与网络用户个人身份对应识别的数据信息，该数据信息的匿名化特征不符合“个人信息”的可识别性要求。网络用户通过使用搜索引擎形成的检索关键词记录，虽然反映了网络用户的网络活动轨迹及上网偏好，具有隐私属性，但这种网络活动轨迹及上网偏好一旦与网络用户身份相分离，便无法确定具体的信息归属主体，不再属于个人信息范畴。经查，搜索引擎个性化推荐服务收集和推送信息的终端是浏览器，没有定向识别使用该浏览器的网络用户身份。虽然甲因长期固定使用同一浏览器，感觉自己的网络活动轨迹和上网偏好被搜索引擎收集利用，但事实上搜索引擎在提供个性化推荐服务中没有且无必要将搜索关键词记录和甲的个人身份信息联系起来。因此，甲的网络活动轨迹不属于个人隐私。

案例指引

29. 大规模非法买卖个人信息，侵害了何种权益？[①]

2019 年 2 月起，被告孙某以 34000 元的价格，将自己从网络购买、互换得到的 4 万余条含姓名、电话号码、电子邮箱等的个人信息，通过微信、QQ 等方式贩卖给案外人刘某。案外人刘某在获取相关信息后用于虚假的外汇业务推广。公益诉讼起诉人认为，被告孙某未经他人许可，在互联网上公然非法买卖、提供个人信

---

① 参见《民法典颁布后人格权司法保护典型民事案例》（2022 年 4 月 11 日发布），大规模非法买卖个人信息侵害人格权和社会公共利益——非法买卖个人信息民事公益诉讼案，载最高人民法院网 https：//www. court. gov. cn/zixun-xiangqing-354261. html，最后访问日期：2023 年 2 月 27 日。

息，造成4万余条个人信息被非法买卖、使用，严重侵害社会众多不特定主体的个人信息权益，致使社会公共利益受到侵害，据此提起民事公益诉讼。

杭州互联网法院经审理认为，《民法典》第111条规定，自然人的个人信息受法律保护。任何组织或者个人需要获取他人个人信息的，应当依法取得并确保信息安全，不得非法收集、使用、加工、传输他人个人信息，不得非法买卖、提供或者公开他人个人信息。被告孙某在未取得众多不特定自然人同意的情况下，非法获取不特定主体的个人信息，又非法出售牟利，侵害了承载在不特定社会主体个人信息之上的公共信息安全利益。遂判决孙某按照侵权行为所获利益支付公共利益损害赔偿款34000元，并向社会公众赔礼道歉。

本案是《民法典》实施后首例个人信息保护民事公益诉讼案件。本案准确把握《民法典》维护个人信息权益的立法精神，聚焦维护不特定社会主体的个人信息安全，明确大规模侵害个人信息行为构成对公共信息安全领域社会公共利益的侵害，彰显司法保障个人信息权益、社会公共利益的决心和力度。

关联参见

《个人信息保护法》第2条、第4条；《网络安全法》第76条第5项；《社会保险法》第92条；《旅游法》第52条；《电子商务法》第32条；《网络安全法》第44条；《消费者权益保护法》第14条；《最高人民法院关于审理使用人脸识别技术处理个人信息相关民事案件适用法律若干问题的规定》；《最高人民法院关于审理旅游纠纷案件适用法律若干问题的规定》第9条；《最高人民法院关于审理利用信息网络侵害人身权益民事纠纷案件适用法律若干问题的规定》；《最高人民法院、最高人民检察院关于办理侵犯公民个人信息刑事案件适用法律若干问题的解释》第1条

第一千零三十五条 【个人信息处理的原则】处理个人信息的，应当遵循合法、正当、必要原则，不得过度处理，并符合下列条件：

（一）征得该自然人或者其监护人同意，但是法律、行政法规另有规定的除外；

（二）公开处理信息的规则；

（三）明示处理信息的目的、方式和范围；

（四）不违反法律、行政法规的规定和双方的约定。

个人信息的处理包括个人信息的收集、存储、使用、加工、传输、提供、公开等。

条文解读

本条是对处理个人信息的规定。处理个人信息，包括对个人身份信息的收集、存储、使用、加工、传输、提供、公开等。

处理自然人个人信息的原则 ➲（1）合法：必须依照法律规定处理，不得非法进行；（2）正当：处理自然人个人信息应当具有正当性目的，不得非法处理；（3）必要：即使合法、正当处理自然人的个人信息，也不得超出必要范围；（4）公开透明：信息处理者在处理个人信息时应当公开处理信息的规则，并明示处理信息的目的、方式和范围，确保信息主体享有知情权。

处理自然人个人信息应当符合的条件 ➲（1）征得该自然人或

者其监护人同意，但是法律、行政法规另有规定的除外。其中征得自然人监护人的同意，是指处理无民事行为能力人或者限制民事行为能力人的个人信息，须征得其监护人的同意，例如未成年人或者丧失或者部分丧失民事行为能力的成年人，未经其监护人同意的处理，构成侵害个人信息行为。(2) 公开处理信息的规则。处理自然人个人信息，须将处理的规则予以公开，以判明是否符合处理的规则。(3) 明示处理信息的目的、方式和范围，并且符合明示的处理信息的目的、方式，在其明示的范围进行处理。(4) 不违反法律、行政法规的规定和双方的约定，违反法律、行政法规的规定和双方的约定的处理，都构成侵害个人信息。

实务应用

28. 使用人脸识别技术处理个人信息有哪些注意事项？

人脸信息属于《民法典》第1034条规定的“生物识别信息”。人脸信息的处理包括人脸信息的收集、存储、使用、加工、传输、提供、公开等。

信息处理者的下列行为属于侵害自然人人格权益的行为：(1) 在宾馆、商场、银行、车站、机场、体育场馆、娱乐场所等经营场所、公共场所违反法律、行政法规的规定使用人脸识别技术进行人脸验证、辨识或者分析；(2) 未公开处理人脸信息的规则或者未明示处理的目的、方式、范围；(3) 基于个人同意处理人脸信息的，未征得自然人或者其监护人的单独同意，或者未按照法律、行政法规的规定征得自然人或者其监护人的书面同意；(4) 违反信息处理者明示或者双方约定的处理人脸信息的目的、方式、范围等；(5) 未采取应有的技术措施或者其他必要措施确保其收集、存储的人脸信息安全，致使人脸信息泄露、篡改、丢失；(6) 违反法律、行政法规的规定或者双方的约定，向他人提供人脸信息；(7) 违背公序良俗处理人脸信息；(8) 违反合法、正当、必要原则处理人脸信息的其他情形。

信息处理者的下列行为不属于侵害自然人人格权益的行为：(1) 为应对突发公共卫生事件，或者紧急情况下为保护自然人的生命健康和财产安全所必需而处理人脸信息的；(2) 为维护公共安全，依据国家有关规定在公共场所使用人脸识别技术的；(3) 为公共利益实施新闻报道、舆论监督等行为在合理的范围内处理人脸信息的；(4) 在自然人或者其监护人同意的范围内合理处理人脸信息的；(5) 符合法律、行政法规规定的其他情形。

案例指引

30. 有违公序良俗的个人信息，能否随意公开？[①]

王某与死者姜某系夫妻关系，双方于 2006 年 2 月 22 日登记结婚。2007 年 12 月 29 日，姜某从自己居住楼房的 24 层跳楼自杀身亡。

姜某生前在网络上注册了个人博客，并进行写作。在自杀前 2 个月，姜某关闭了自己的博客，但在博客中以日记形式记载了自杀前 2 个月的心路历程，并将丈夫王某与案外女性东某的合影照片贴在博客中，认为二人有不正当两性关系，自己的婚姻很失败。姜某的日记显示了丈夫王某的姓名、工作单位地址等信息。姜某

---

① 参见《最高人民法院发布利用信息网络侵害人身权益典型案例》（2014 年 10 月 10 日发布），王某与张某、北京凌云互动信息技术有限公司、海南天涯在线网络科技有限公司侵犯名誉权纠纷系列案，载最高人民法院网 http：//gongbao. court. gov. cn/Details/b790fda5429b84cbbbe000e426e15a. html，最后访问日期：2023 年 2 月 27 日。

在2007年12月27日第一次试图自杀前将自己博客的密码告诉一名网友，并委托该网友在12小时后打开博客。在姜某于2007年12月29日跳楼自杀死亡后，姜某的网友将博客密码告诉了姜某的姐姐，姐姐将姜某的博客打开。张某系姜某的大学同学。得知姜某死亡后，张某于2008年1月11日注册了非经营性网站，名称与姜某博客名称相同。在该网站首页，张某介绍该网站是“祭奠姜某和为姜某讨回公道的地方”。张某、姜某的亲属及朋友先后在该网站上发表纪念姜某的文章。张某还将该网站与天涯网、新浪网进行了链接。

姜某的博客日记被转发在天涯社区论坛中，后又不断被其他网民转发至不同网站上，姜某的死亡原因、王某的“婚外情”等情节引发众多网民的长时间、持续性关注和评论。许多网民认为王某的“婚外情”行为是促使姜某自杀的原因之一；一些网民在进行评论的同时，在天涯虚拟社区等网站上发起对王某的“人肉搜索”，使王某的姓名、工作单位、家庭住址等详细个人信息逐渐被披露；更有部分网民在大旗网等网站上对王某进行谩骂、人身攻击，还有部分网民到王某家庭住址处进行骚扰，在门口刷写、张贴“逼死贤妻”“血债血偿”等标语。

大旗网系由凌云公司注册管理的经营性网站。在姜某死亡事件引起广泛关注后，大旗网于2008年1月14日制作了标题为《从24楼跳下自杀的MM最后的BLOG日记》的专题网页，主要包括如下内容：对姜某自杀事件发生经过的介绍；相关帖子的链接；网民自发到姜某自杀的小区悼念的现场情况；对网民进行现场采访的内容；对姜某的姐姐、姜某的同学张某、姜家的律师进行电话采访的内容和“网友留言”“心理专家分析”等专栏。大旗网在专题网页中使用了王某、姜某、东某的真实姓名，并将姜某的照片、王某与东某的合影照片、网民自发在姜某自杀身亡地点悼念的照片、网民到王家门口进行骚扰及刷写标语的照片等粘贴在网页上。

王某分别起诉张某、凌云公司、天涯在线，请求停止侵害、删除信息、消除影响、赔礼道歉并赔偿精神损害抚慰金。

北京市朝阳区法院认为，公民的个人感情生活包括婚外男女关系均属个人隐私。张某披露王某的个人信息的行为侵害了王某的隐私权。凌云公司在其经营的大旗网上对关于该事件的专题网页报道未对当事人的姓名等个人信息和照片进行技术处理，侵害了王某的隐私权并导致王某的名誉权遭受损害，应当承担删除专题网页、赔礼道歉和赔偿精神损害等侵权责任。天涯公司经营的天涯虚拟社区网根据有关法律法规制定了上网规则、对上网文字设定了相应的监控和审查过滤措施、在知道网上违法或侵权言论时采取了删除与本案有关的网络信息，已经履行了监管义务，不承担侵权责任。

哪些信息是个人信息？哪些个人信息是个人隐私？那些有违公序良俗的个人信息是否应当受到保护？这些问题的答案都随着互联网时代的到来发生着深刻的变化。本案是曾引起舆论广泛关注的所谓博客自杀第一案。本案中，虽然原告王某的婚外情在道德上值得批评，但这并非公众干预其个人生活的合法理由。公民的个人感情生活包括婚外男女关系均属个人隐私，无论是个人通过互联网披露，还是媒体的公开报道，都应当注意个人隐私的保护。

关联参见

《个人信息保护法》第 13 条；《电子商务法》第 23 条；《网络

安全法》第 22 条、第 37 条、第 40-42 条；《消费者权益保护法》第 29 条

第一千零三十六条　【处理个人信息的免责事由】处理个人信息，有下列情形之一的，行为人不承担民事责任：

（一）在该自然人或者其监护人同意的范围内合理实施的行为；

（二）合理处理该自然人自行公开的或者其他已经合法公开的信息，但是该自然人明确拒绝或者处理该信息侵害其重大利益的除外；

（三）为维护公共利益或者该自然人合法权益，合理实施的其他行为。

条文解读

本条是对合理处理个人信息的规定。

对自然人个人信息的合理处理，尽管在有些时候未经过个人信息权人的同意，但是也不构成侵害个人信息权，不承担侵害个人信息权的民事责任。被处理个人信息的自然人不得主张侵害其个人信息权。这些具有免责事由的行为是：

1. 在该自然人或者其监护人同意的范围内合理实施的行为。处理自然人个人信息，如果经过权利人的同意，并且在其同意的范围内合理实施的行为，不构成侵害个人信息。这与《民法典》第 1035 条第 1 款第 3 项的规定即"明示处理信息的目的、方式和范围"相关。对此进行判断，符合明示的上述使用范围的，不构成侵害个人信息，超出范围的处理个人信息的行为，构成侵害个

人信息。

2. 合理处理该自然人自行公开的或者其他已经合法公开的信息，但是该自然人明确拒绝或者处理该信息侵害其重大利益的除外。这一事由包括两个方面：首先，自然人自行公开或者其他已经合法公开的信息，是可以合理处理的，一般情况下不构成侵害个人信息；其次，尽管如此，如果处理的这种信息损害自然人个人的重大利益，或者自然人已经明确拒绝他人使用的，处理这样的信息，仍然构成侵害个人信息。

3. 为维护公共利益或者该自然人的合法权益，合理实施的其他行为。处理自然人的个人信息，如果具有维护公共利益的目的，或者是为了维护该自然人自身的合法权益，则具有正当性，为合理实施，不构成侵害个人信息。合理实施处理自然人个人信息的行为，不构成侵害个人信息的行为，不承担民事责任。

关联参见

《最高人民法院关于审理利用信息网络侵害人身权益民事纠纷案件适用法律若干问题的规定》第12条

第一千零三十七条　【个人信息主体的权利】 自然人可以依法向信息处理者查阅或者复制其个人信息；发现信息有错误的，有权提出异议并请求及时采取更正等必要措施。

自然人发现信息处理者违反法律、行政法规的规定或者双方的约定处理其个人信息的，有权请求信息处理者及时删除。

条文解读

本条是个人信息权人享有权利的规定。

个人信息权的内容 ➲ (1) 个人信息权人享有查阅、复制的权利。自然人可以向信息处理者依法查阅或者复制其个人信息。这是因为，自己是个人信息的权利人，其信息就是自己的身份信息，即使被处理者处理，该信息的归属权不变，仍然为权利人所拥有。(2) 发现信息错误的，有提出异议并要求更正的权利。权利人在查阅和复制自己的个人信息时，发现个人信息有错误的，有权提出异议，并要求及时采取更正等必要措施。信息处理者负有更正的义务。(3) 自然人发现信息处理者违反法律、行政法规的规定或者双方的约定处理其个人信息的，有权要求信息处理者及时删除其个人信息。这里还应当包括对被处理的、已经过时的、对自己可能造成不好影响的个人信息的删除权，以保护自己的合法权益。

关联参见

《网络安全法》第 43 条；《个人所得税法实施条例》第 30 条；《征信业管理条例》第 17 条

第一千零三十八条　【个人信息安全】 信息处理者不得泄露或者篡改其收集、存储的个人信息；未经自然人同意，不得向他人非法提供其个人信息，但是经过加工无法识别特定个人且不能复原的除外。

信息处理者应当采取技术措施和其他必要措施，确保其收集、存储的个人信息安全，防止信息泄露、篡改、丢失；发生或者可能发生个人信息泄露、篡改、丢失的，应当及时采取补救措施，按照规定告知自然人并向有关主管部门报告。

条文解读

本条是对信息处理者对个人信息负有保密义务的规定。

个人信息的处理者，是指合法收集并控制自然人个人信息的主体。个人信息处理者对自然人的个人信息负有的保密义务，包括两个方面：

1. 信息处理者负有的守约义务。（1）保持个人信息的自己占有及信息的真实性的义务，不得泄露、篡改、丢失其收集、存储的个人信息；（2）不得向他人提供的义务，未经被收集者同意，不得向他人非法提供个人信息。例外的是，经过加工无法识别特定个人且不能复原的信息，属于衍生信息，俗称“已经过脱敏处理”的信息，不再具有个人身份信息的属性，已经进入可以公开使用的领域。对于衍生信息的使用不构成侵害个人信息。

2. 信息处理者负有的保密义务。（1）信息处理者对已经收集、存储的个人信息，应当采取技术措施和其他必要措施，确保其收集、存储的个人信息安全，防止信息泄露、篡改、丢失。（2）如果发生或者可能发生个人信息泄露、篡改、丢失的情况的，应当及时采取补救措施，依照规定告知被收集者并向有关主管部门报告，防止损失扩大，并挽回已经造成的损失。

关联参见

《网络安全法》第42条、第43条；《消费者权益保护法》第29条；《地图管理条例》第35条；《最高人民法院关于审理利用信息网络侵害人身权益民事纠纷案件适用法律若干问题的规定》

第一千零三十九条　【国家机关及其工作人员对个人信息的保密义务】国家机关、承担行政职能的法定机构及其工作人员对于履行职责过程中知悉的自然人的隐私和个人信息，应当予以保密，不得泄露或者向他人非法提供。

条文解读

本条是对国家机关及其工作人员对自然人隐私和个人信息保密义务的规定。

国家机关及其工作人员有多种渠道收集和知悉自然人隐私和个人信息。例如，出生登记、查处违章、办理护照、身份证明等，都必须提供个人信息，甚至涉及个人隐私。可以说，国家机关及其工作人员是掌握个人隐私和个人信息最主要的机构和人员。对此，国家机关及其工作人员必须对个人负有保密义务，不得泄露或者非法向他人提供。

案例指引

31. 国家工作人员利用职务便利非法获取公民个人信息并出售的，应当如何处理？[1]

2014年初至2016年7月期间，上海市疾病预防控制中心工作人员韩某利用其工作便利，进入他人账户窃取上海市疾病预防控制中心每月更新的全市新生婴儿信息（每月1万余条），并出售给黄浦区疾病预防控制中心工作人员张某某，再由张某某转卖给被

---

① 参见《侵犯公民个人信息犯罪典型案例》（2018年1月31日发布），韩某等侵犯公民个人信息案，载最高人民检察院网 https：//www. spp. gov. cn/spp/zxjy/qwfb/201801/t20180131_ 362951. shtml，最后访问日期：2023年2月27日。

告人范某某。直至案发，韩某、张某某、范某某非法获取新生婴儿信息共计30万余条。

2015年初至2016年7月期间，范某某通过李某向王某某、黄某出售上海新生婴儿信息共计25万余条。2015年6月至7月，吴某某从王某某经营管理的大犀鸟公司内秘密窃取7万余条上海新生婴儿信息。2015年5月至2016年7月期间，龚某某通过微信、QQ等联系方式，向吴某某出售新生婴儿信息8000余条，另分别向孙某某、夏某某二人出售新生儿信息共计7000余条。

上海市浦东新区检察院于2016年8月18日以韩某等8人涉嫌侵犯公民个人信息罪将其批准逮捕，同年11月25日提起公诉。2017年2月8日，上海市浦东新区法院以侵犯公民个人信息罪分别判处韩某等8人有期徒刑2年零3个月至7个月不等。

关联参见

《刑法》第253条之一；《网络安全法》第44条、第45条、第64条；《居民身份证法》第6条、第13条、第19条、第20条；《国务院关于在线政务服务的若干规定》第14条；《最高人民法院关于审理利用信息网络侵害人身权益民事纠纷案件适用法律若干问题的规定》

法律法规新解读系列

关联法规

民法典人格权编
解读与应用

中华人民共和国个人信息保护法

· 2021 年 8 月 20 日第十三届全国人民代表大会常务委员会第三十次会议通过

· 2021 年 8 月 20 日中华人民共和国主席令第 91 号公布

· 自 2021 年 11 月 1 日起施行

第一章　总　　则

第一条　【立法目的】为了保护个人信息权益，规范个人信息处理活动，促进个人信息合理利用，根据宪法，制定本法。

第二条　【个人信息受法律保护】自然人的个人信息受法律保护，任何组织、个人不得侵害自然人的个人信息权益。

第三条　【适用范围】在中华人民共和国境内处理自然人个人信息的活动，适用本法。

在中华人民共和国境外处理中华人民共和国境内自然人个人信息的活动，有下列情形之一的，也适用本法：

（一）以向境内自然人提供产品或者服务为目的；

（二）分析、评估境内自然人的行为；

（三）法律、行政法规规定的其他情形。

第四条　【个人信息及个人信息处理的定义】个人信息是以电子或者其他方式记录的与已识别或者可识别的自然人有关的各种信息，不包括匿名化处理后的信息。

个人信息的处理包括个人信息的收集、存储、使用、加工、传输、提供、公开、删除等。

第五条 【合法、正当、必要与诚信原则】处理个人信息应当遵循合法、正当、必要和诚信原则，不得通过误导、欺诈、胁迫等方式处理个人信息。

第六条 【目的明确和最小化处理原则】处理个人信息应当具有明确、合理的目的，并应当与处理目的直接相关，采取对个人权益影响最小的方式。

收集个人信息，应当限于实现处理目的的最小范围，不得过度收集个人信息。

第七条 【公开透明原则】处理个人信息应当遵循公开、透明原则，公开个人信息处理规则，明示处理的目的、方式和范围。

第八条 【质量原则】处理个人信息应当保证个人信息的质量，避免因个人信息不准确、不完整对个人权益造成不利影响。

第九条 【责任原则与安全保障原则】个人信息处理者应当对其个人信息处理活动负责，并采取必要措施保障所处理的个人信息的安全。

第十条 【禁止非法处理个人信息】任何组织、个人不得非法收集、使用、加工、传输他人个人信息，不得非法买卖、提供或者公开他人个人信息；不得从事危害国家安全、公共利益的个人信息处理活动。

第十一条 【国家在个人信息保护方面的责任】国家建立健全个人信息保护制度，预防和惩治侵害个人信息权益的行为，加强个人信息保护宣传教育，推动形成政府、企业、相关社会组织、公众共同参与个人信息保护的良好环境。

第十二条 【参与个人信息保护国际治理】国家积极参与个

人信息保护国际规则的制定，促进个人信息保护方面的国际交流与合作，推动与其他国家、地区、国际组织之间的个人信息保护规则、标准等互认。

第二章　个人信息处理规则

第一节　一般规定

第十三条　【处理个人信息的合法性基础】符合下列情形之一的，个人信息处理者方可处理个人信息：

（一）取得个人的同意；

（二）为订立、履行个人作为一方当事人的合同所必需，或者按照依法制定的劳动规章制度和依法签订的集体合同实施人力资源管理所必需；

（三）为履行法定职责或者法定义务所必需；

（四）为应对突发公共卫生事件，或者紧急情况下为保护自然人的生命健康和财产安全所必需；

（五）为公共利益实施新闻报道、舆论监督等行为，在合理的范围内处理个人信息；

（六）依照本法规定在合理的范围内处理个人自行公开或者其他已经合法公开的个人信息；

（七）法律、行政法规规定的其他情形。

依照本法其他有关规定，处理个人信息应当取得个人同意，但是有前款第二项至第七项规定情形的，不需取得个人同意。

第十四条　【取得个人同意】基于个人同意处理个人信息的，该同意应当由个人在充分知情的前提下自愿、明确作出。法律、行政法规规定处理个人信息应当取得个人单独同意或者书面同意的，从其规定。

个人信息的处理目的、处理方式和处理的个人信息种类发生变更的，应当重新取得个人同意。

第十五条 【同意的撤回】基于个人同意处理个人信息的，个人有权撤回其同意。个人信息处理者应当提供便捷的撤回同意的方式。

个人撤回同意，不影响撤回前基于个人同意已进行的个人信息处理活动的效力。

第十六条 【禁止以提供产品或者服务为由强制获取用户同意】个人信息处理者不得以个人不同意处理其个人信息或者撤回同意为由，拒绝提供产品或者服务；处理个人信息属于提供产品或者服务所必需的除外。

第十七条 【告知的内容与方式】个人信息处理者在处理个人信息前，应当以显著方式、清晰易懂的语言真实、准确、完整地向个人告知下列事项：

（一）个人信息处理者的名称或者姓名和联系方式；

（二）个人信息的处理目的、处理方式，处理的个人信息种类、保存期限；

（三）个人行使本法规定权利的方式和程序；

（四）法律、行政法规规定应当告知的其他事项。

前款规定事项发生变更的，应当将变更部分告知个人。

个人信息处理者通过制定个人信息处理规则的方式告知第一款规定事项的，处理规则应当公开，并且便于查阅和保存。

第十八条 【告知的例外】个人信息处理者处理个人信息，有法律、行政法规规定应当保密或者不需要告知的情形的，可以不向个人告知前条第一款规定的事项。

紧急情况下为保护自然人的生命健康和财产安全无法及时向个人告知的，个人信息处理者应当在紧急情况消除后及时告知。

第十九条　【个人信息的保存期限】 除法律、行政法规另有规定外，个人信息的保存期限应当为实现处理目的所必要的最短时间。

第二十条　【共同处理个人信息】 两个以上的个人信息处理者共同决定个人信息的处理目的和处理方式的，应当约定各自的权利和义务。但是，该约定不影响个人向其中任何一个个人信息处理者要求行使本法规定的权利。

个人信息处理者共同处理个人信息，侵害个人信息权益造成损害的，应当依法承担连带责任。

第二十一条　【委托处理个人信息】 个人信息处理者委托处理个人信息的，应当与受托人约定委托处理的目的、期限、处理方式、个人信息的种类、保护措施以及双方的权利和义务等，并对受托人的个人信息处理活动进行监督。

受托人应当按照约定处理个人信息，不得超出约定的处理目的、处理方式等处理个人信息；委托合同不生效、无效、被撤销或者终止的，受托人应当将个人信息返还个人信息处理者或者予以删除，不得保留。

未经个人信息处理者同意，受托人不得转委托他人处理个人信息。

第二十二条　【转移个人信息】 个人信息处理者因合并、分立、解散、被宣告破产等原因需要转移个人信息的，应当向个人告知接收方的名称或者姓名和联系方式。接收方应当继续履行个人信息处理者的义务。接收方变更原先的处理目的、处理方式的，应当依照本法规定重新取得个人同意。

第二十三条　【向他人提供个人信息】个人信息处理者向其他个人信息处理者提供其处理的个人信息的，应当向个人告知接收方的名称或者姓名、联系方式、处理目的、处理方式和个人信息的种类，并取得个人的单独同意。接收方应当在上述处理目的、处理方式和个人信息的种类等范围内处理个人信息。接收方变更原先的处理目的、处理方式的，应当依照本法规定重新取得个人同意。

第二十四条　【自动化决策】个人信息处理者利用个人信息进行自动化决策，应当保证决策的透明度和结果公平、公正，不得对个人在交易价格等交易条件上实行不合理的差别待遇。

通过自动化决策方式向个人进行信息推送、商业营销，应当同时提供不针对其个人特征的选项，或者向个人提供便捷的拒绝方式。

通过自动化决策方式作出对个人权益有重大影响的决定，个人有权要求个人信息处理者予以说明，并有权拒绝个人信息处理者仅通过自动化决策的方式作出决定。

第二十五条　【公开个人信息】个人信息处理者不得公开其处理的个人信息，取得个人单独同意的除外。

第二十六条　【公共场所个人信息保护】在公共场所安装图像采集、个人身份识别设备，应当为维护公共安全所必需，遵守国家有关规定，并设置显著的提示标识。所收集的个人图像、身份识别信息只能用于维护公共安全的目的，不得用于其他目的；取得个人单独同意的除外。

第二十七条　【处理已公开的个人信息】个人信息处理者可以在合理的范围内处理个人自行公开或者其他已经合法公开的个人信息；个人明确拒绝的除外。个人信息处理者处理已公开的个人信息，对个人权益有重大影响的，应当依照本法规定取得个人同意。

第二节　敏感个人信息的处理规则

第二十八条　【敏感个人信息的定义及处理条件】敏感个人信息是一旦泄露或者非法使用，容易导致自然人的人格尊严受到侵害或者人身、财产安全受到危害的个人信息，包括生物识别、宗教信仰、特定身份、医疗健康、金融账户、行踪轨迹等信息，以及不满十四周岁未成年人的个人信息。

只有在具有特定的目的和充分的必要性，并采取严格保护措施的情形下，个人信息处理者方可处理敏感个人信息。

第二十九条　【处理敏感信息的单独同意与书面同意】处理敏感个人信息应当取得个人的单独同意；法律、行政法规规定处理敏感个人信息应当取得书面同意的，从其规定。

第三十条　【处理敏感个人信息的特殊告知要求】个人信息处理者处理敏感个人信息的，除本法第十七条第一款规定的事项外，还应当向个人告知处理敏感个人信息的必要性以及对个人权益的影响；依照本法规定可以不向个人告知的除外。

第三十一条　【未成年人个人信息的处理】个人信息处理者处理不满十四周岁未成年人个人信息的，应当取得未成年人的父母或者其他监护人的同意。

个人信息处理者处理不满十四周岁未成年人个人信息的，应当制定专门的个人信息处理规则。

第三十二条　【处理敏感个人信息的法定限制】法律、行政法规对处理敏感个人信息规定应当取得相关行政许可或者作出其他限制的，从其规定。

第三节　国家机关处理个人信息的特别规定

第三十三条　【国家机关处理个人信息的法律适用】国家机关处理个人信息的活动，适用本法；本节有特别规定的，适用本节规定。

第三十四条　【国家机关依法处理个人信息】国家机关为履行法定职责处理个人信息，应当依照法律、行政法规规定的权限、程序进行，不得超出履行法定职责所必需的范围和限度。

第三十五条　【国家机关处理个人信息的告知义务】国家机关为履行法定职责处理个人信息，应当依照本法规定履行告知义务；有本法第十八条第一款规定的情形，或者告知将妨碍国家机关履行法定职责的除外。

第三十六条　【国家机关处理的个人信息应当在境内存储】国家机关处理的个人信息应当在中华人民共和国境内存储；确需向境外提供的，应当进行安全评估。安全评估可以要求有关部门提供支持与协助。

第三十七条　【具有公共事务管理职能的组织处理个人信息】法律、法规授权的具有管理公共事务职能的组织为履行法定职责处理个人信息，适用本法关于国家机关处理个人信息的规定。

第三章　个人信息跨境提供的规则

第三十八条　【向境外提供个人信息的条件】个人信息处理

者因业务等需要，确需向中华人民共和国境外提供个人信息的，应当具备下列条件之一：

（一）依照本法第四十条的规定通过国家网信部门组织的安全评估；

（二）按照国家网信部门的规定经专业机构进行个人信息保护认证；

（三）按照国家网信部门制定的标准合同与境外接收方订立合同，约定双方的权利和义务；

（四）法律、行政法规或者国家网信部门规定的其他条件。

中华人民共和国缔结或者参加的国际条约、协定对向中华人民共和国境外提供个人信息的条件等有规定的，可以按照其规定执行。

个人信息处理者应当采取必要措施，保障境外接收方处理个人信息的活动达到本法规定的个人信息保护标准。

第三十九条　【向境外提供个人信息的告知同意】个人信息处理者向中华人民共和国境外提供个人信息的，应当向个人告知境外接收方的名称或者姓名、联系方式、处理目的、处理方式、个人信息的种类以及个人向境外接收方行使本法规定权利的方式和程序等事项，并取得个人的单独同意。

第四十条　【关键信息基础设施运营者等的境内存储信息和安全评估义务】关键信息基础设施运营者和处理个人信息达到国家网信部门规定数量的个人信息处理者，应当将在中华人民共和国境内收集和产生的个人信息存储在境内。确需向境外提供的，应当通过国家网信部门组织的安全评估；法律、行政法规和国家网信部门规定可以不进行安全评估的，从其规定。

第四十一条　【如何处理境外司法或者执法机构关于提供存储于境内个人信息的请求】 中华人民共和国主管机关根据有关法律和中华人民共和国缔结或者参加的国际条约、协定，或者按照平等互惠原则，处理外国司法或者执法机构关于提供存储于境内个人信息的请求。非经中华人民共和国主管机关批准，个人信息处理者不得向外国司法或者执法机构提供存储于中华人民共和国境内的个人信息。

第四十二条　【限制或者禁止个人信息提供清单制度】 境外的组织、个人从事侵害中华人民共和国公民的个人信息权益，或者危害中华人民共和国国家安全、公共利益的个人信息处理活动的，国家网信部门可以将其列入限制或者禁止个人信息提供清单，予以公告，并采取限制或者禁止向其提供个人信息等措施。

第四十三条　【对等原则】 任何国家或者地区在个人信息保护方面对中华人民共和国采取歧视性的禁止、限制或者其他类似措施的，中华人民共和国可以根据实际情况对该国家或者地区对等采取措施。

第四章　个人在个人信息处理活动中的权利

第四十四条　【知情权和决定权】 个人对其个人信息的处理享有知情权、决定权，有权限制或者拒绝他人对其个人信息进行处理；法律、行政法规另有规定的除外。

第四十五条　【查阅权、复制权和可携带权】 个人有权向个人信息处理者查阅、复制其个人信息；有本法第十八条第一款、第三十五条规定情形的除外。

个人请求查阅、复制其个人信息的，个人信息处理者应当及时提供。

个人请求将个人信息转移至其指定的个人信息处理者，符合国家网信部门规定条件的，个人信息处理者应当提供转移的途径。

第四十六条　【更正权和补充权】个人发现其个人信息不准确或者不完整的，有权请求个人信息处理者更正、补充。

个人请求更正、补充其个人信息的，个人信息处理者应当对其个人信息予以核实，并及时更正、补充。

第四十七条　【删除权】有下列情形之一的，个人信息处理者应当主动删除个人信息；个人信息处理者未删除的，个人有权请求删除：

（一）处理目的已实现、无法实现或者为实现处理目的不再必要；

（二）个人信息处理者停止提供产品或者服务，或者保存期限已届满；

（三）个人撤回同意；

（四）个人信息处理者违反法律、行政法规或者违反约定处理个人信息；

（五）法律、行政法规规定的其他情形。

法律、行政法规规定的保存期限未届满，或者删除个人信息从技术上难以实现的，个人信息处理者应当停止除存储和采取必要的安全保护措施之外的处理。

第四十八条　【要求解释说明权】个人有权要求个人信息处理者对其个人信息处理规则进行解释说明。

第四十九条　【死者个人信息保护】自然人死亡的，其近亲属为了自身的合法、正当利益，可以对死者的相关个人信息行使本章规定的查阅、复制、更正、删除等权利；死者生前另有安排的除外。

第五十条　【个人行使权利的保障】个人信息处理者应当建立便捷的个人行使权利的申请受理和处理机制。拒绝个人行使权利的请求的，应当说明理由。

个人信息处理者拒绝个人行使权利的请求的，个人可以依法向人民法院提起诉讼。

第五章　个人信息处理者的义务

第五十一条　【个人信息处理者的合规保障义务】个人信息处理者应当根据个人信息的处理目的、处理方式、个人信息的种类以及对个人权益的影响、可能存在的安全风险等，采取下列措施确保个人信息处理活动符合法律、行政法规的规定，并防止未经授权的访问以及个人信息泄露、篡改、丢失：

（一）制定内部管理制度和操作规程；

（二）对个人信息实行分类管理；

（三）采取相应的加密、去标识化等安全技术措施；

（四）合理确定个人信息处理的操作权限，并定期对从业人员进行安全教育和培训；

（五）制定并组织实施个人信息安全事件应急预案；

（六）法律、行政法规规定的其他措施。

第五十二条　【个人信息保护负责人】处理个人信息达到国家网信部门规定数量的个人信息处理者应当指定个人信息保护负责人，负责对个人信息处理活动以及采取的保护措施等进行监督。

个人信息处理者应当公开个人信息保护负责人的联系方式，

并将个人信息保护负责人的姓名、联系方式等报送履行个人信息保护职责的部门。

第五十三条　【境外个人信息处理者在境内设立专门机构或指定代表】本法第三条第二款规定的中华人民共和国境外的个人信息处理者，应当在中华人民共和国境内设立专门机构或者指定代表，负责处理个人信息保护相关事务，并将有关机构的名称或者代表的姓名、联系方式等报送履行个人信息保护职责的部门。

第五十四条　【定期合规审计义务】个人信息处理者应当定期对其处理个人信息遵守法律、行政法规的情况进行合规审计。

第五十五条　【个人信息保护影响评估】有下列情形之一的，个人信息处理者应当事前进行个人信息保护影响评估，并对处理情况进行记录：

（一）处理敏感个人信息；

（二）利用个人信息进行自动化决策；

（三）委托处理个人信息、向其他个人信息处理者提供个人信息、公开个人信息；

（四）向境外提供个人信息；

（五）其他对个人权益有重大影响的个人信息处理活动。

第五十六条　【个人信息保护影响评估的具体内容】个人信息保护影响评估应当包括下列内容：

（一）个人信息的处理目的、处理方式等是否合法、正当、必要；

（二）对个人权益的影响及安全风险；

（三）所采取的保护措施是否合法、有效并与风险程度相适应。

个人信息保护影响评估报告和处理情况记录应当至少保存三年。

第五十七条　【个人信息处理者对个人信息安全事件的补救和通知义务】发生或者可能发生个人信息泄露、篡改、丢失的，个人信息处理者应当立即采取补救措施，并通知履行个人信息保护职责的部门和个人。通知应当包括下列事项：

（一）发生或者可能发生个人信息泄露、篡改、丢失的信息种类、原因和可能造成的危害；

（二）个人信息处理者采取的补救措施和个人可以采取的减轻危害的措施；

（三）个人信息处理者的联系方式。

个人信息处理者采取措施能够有效避免信息泄露、篡改、丢失造成危害的，个人信息处理者可以不通知个人；履行个人信息保护职责的部门认为可能造成危害的，有权要求个人信息处理者通知个人。

第五十八条　【大型互联网平台个人信息保护特别义务】提供重要互联网平台服务、用户数量巨大、业务类型复杂的个人信息处理者，应当履行下列义务：

（一）按照国家规定建立健全个人信息保护合规制度体系，成立主要由外部成员组成的独立机构对个人信息保护情况进行监督；

（二）遵循公开、公平、公正的原则，制定平台规则，明确平台内产品或者服务提供者处理个人信息的规范和保护个人信息的义务；

（三）对严重违反法律、行政法规处理个人信息的平台内的产品或者服务提供者，停止提供服务；

（四）定期发布个人信息保护社会责任报告，接受社会监督。

第五十九条　【受托人的个人信息保护义务】接受委托处理个人信息的受托人，应当依照本法和有关法律、行政法规的规定，采取必要措施保障所处理的个人信息的安全，并协助个人信息处理者履行本法规定的义务。

第六章　履行个人信息保护职责的部门

第六十条　【个人信息保护职责部门及分工】国家网信部门负责统筹协调个人信息保护工作和相关监督管理工作。国务院有关部门依照本法和有关法律、行政法规的规定，在各自职责范围内负责个人信息保护和监督管理工作。

县级以上地方人民政府有关部门的个人信息保护和监督管理职责，按照国家有关规定确定。

前两款规定的部门统称为履行个人信息保护职责的部门。

第六十一条　【个人信息保护职责部门的职责】履行个人信息保护职责的部门履行下列个人信息保护职责：

（一）开展个人信息保护宣传教育，指导、监督个人信息处理者开展个人信息保护工作；

（二）接受、处理与个人信息保护有关的投诉、举报；

（三）组织对应用程序等个人信息保护情况进行测评，并公布测评结果；

（四）调查、处理违法个人信息处理活动；

（五）法律、行政法规规定的其他职责。

第六十二条　【国家网信部门的统筹协调职责】国家网信部门统筹协调有关部门依据本法推进下列个人信息保护工作：

（一）制定个人信息保护具体规则、标准；

（二）针对小型个人信息处理者、处理敏感个人信息以及人脸识别、人工智能等新技术、新应用，制定专门的个人信息保护规则、标准；

（三）支持研究开发和推广应用安全、方便的电子身份认证技术，推进网络身份认证公共服务建设；

（四）推进个人信息保护社会化服务体系建设，支持有关机构开展个人信息保护评估、认证服务；

（五）完善个人信息保护投诉、举报工作机制。

第六十三条　【监督检查措施和当事人配合义务】 履行个人信息保护职责的部门履行个人信息保护职责，可以采取下列措施：

（一）询问有关当事人，调查与个人信息处理活动有关的情况；

（二）查阅、复制当事人与个人信息处理活动有关的合同、记录、账簿以及其他有关资料；

（三）实施现场检查，对涉嫌违法的个人信息处理活动进行调查；

（四）检查与个人信息处理活动有关的设备、物品；对有证据证明是用于违法个人信息处理活动的设备、物品，向本部门主要负责人书面报告并经批准，可以查封或者扣押。

履行个人信息保护职责的部门依法履行职责，当事人应当予以协助、配合，不得拒绝、阻挠。

第六十四条　【监管约谈、强制合规审计和涉嫌犯罪案件移送】 履行个人信息保护职责的部门在履行职责中，发现个人信息处理活动存在较大风险或者发生个人信息安全事件的，可以按照规定的权限和程序对该个人信息处理者的法定代表人或者主要负责人进行约谈，或者要求个人信息处理者委托专业机构对其个人信息处理活动进行合规审计。个人信息处理者应当按照要求采取措施，进行整改，消除隐患。

履行个人信息保护职责的部门在履行职责中，发现违法处理个人信息涉嫌犯罪的，应当及时移送公安机关依法处理。

第六十五条　【投诉、举报】任何组织、个人有权对违法个人信息处理活动向履行个人信息保护职责的部门进行投诉、举报。收到投诉、举报的部门应当依法及时处理，并将处理结果告知投诉、举报人。

履行个人信息保护职责的部门应当公布接受投诉、举报的联系方式。

第七章　法律责任

第六十六条　【违法处理个人信息的行政处罚】违反本法规定处理个人信息，或者处理个人信息未履行本法规定的个人信息保护义务的，由履行个人信息保护职责的部门责令改正，给予警告，没收违法所得，对违法处理个人信息的应用程序，责令暂停或者终止提供服务；拒不改正的，并处一百万元以下罚款；对直接负责的主管人员和其他直接责任人员处一万元以上十万元以下罚款。

有前款规定的违法行为，情节严重的，由省级以上履行个人信息保护职责的部门责令改正，没收违法所得，并处五千万元以下或者上一年度营业额百分之五以下罚款，并可以责令暂停相关业务或者停业整顿、通报有关主管部门吊销相关业务许可或者吊销营业执照；对直接负责的主管人员和其他直接责任人员处十万元以上一百万元以下罚款，并可以决定禁止其在一定期限内担任相关企业的董事、监事、高级管理人员和个人信息保护负责人。

第六十七条 【信用惩戒制度】有本法规定的违法行为的，依照有关法律、行政法规的规定记入信用档案，并予以公示。

第六十八条 【国家机关不履行个人信息保护义务的法律责任】国家机关不履行本法规定的个人信息保护义务的，由其上级机关或者履行个人信息保护职责的部门责令改正；对直接负责的主管人员和其他直接责任人员依法给予处分。

履行个人信息保护职责的部门的工作人员玩忽职守、滥用职权、徇私舞弊，尚不构成犯罪的，依法给予处分。

第六十九条 【个人信息民事侵权责任】处理个人信息侵害个人信息权益造成损害，个人信息处理者不能证明自己没有过错的，应当承担损害赔偿等侵权责任。

前款规定的损害赔偿责任按照个人因此受到的损失或者个人信息处理者因此获得的利益确定；个人因此受到的损失和个人信息处理者因此获得的利益难以确定的，根据实际情况确定赔偿数额。

第七十条 【个人信息保护公益诉讼制度】个人信息处理者违反本法规定处理个人信息，侵害众多个人的权益的，人民检察院、法律规定的消费者组织和由国家网信部门确定的组织可以依法向人民法院提起诉讼。

第七十一条 【个人信息违法行为的治安管理处罚和刑事责任】违反本法规定，构成违反治安管理行为的，依法给予治安管理处罚；构成犯罪的，依法追究刑事责任。

第八章　附　　则

第七十二条　【个人信息处理特别情形的法律适用】自然人因个人或者家庭事务处理个人信息的，不适用本法。

法律对各级人民政府及其有关部门组织实施的统计、档案管理活动中的个人信息处理有规定的，适用其规定。

第七十三条　【定义】本法下列用语的含义：

（一）个人信息处理者，是指在个人信息处理活动中自主决定处理目的、处理方式的组织、个人。

（二）自动化决策，是指通过计算机程序自动分析、评估个人的行为习惯、兴趣爱好或者经济、健康、信用状况等，并进行决策的活动。

（三）去标识化，是指个人信息经过处理，使其在不借助额外信息的情况下无法识别特定自然人的过程。

（四）匿名化，是指个人信息经过处理无法识别特定自然人且不能复原的过程。

第七十四条　【施行日期】本法自 2021 年 11 月 1 日起施行。

最高人民法院关于审理人身损害赔偿案件适用法律若干问题的解释

- 2003年12月4日最高人民法院审判委员会第1299次会议通过
- 根据2020年12月23日最高人民法院审判委员会第1823次会议通过的《最高人民法院关于修改〈最高人民法院关于在民事审判工作中适用《中华人民共和国工会法》若干问题的解释〉等二十七件民事类司法解释的决定》第一次修正
- 根据2022年2月15日最高人民法院审判委员会第1864次会议通过的《最高人民法院关于修改〈最高人民法院关于审理人身损害赔偿案件适用法律若干问题的解释〉的决定》第二次修正
- 2022年4月24日最高人民法院公告公布
- 自2022年5月1日起施行
- 法释〔2022〕14号

为正确审理人身损害赔偿案件，依法保护当事人的合法权益，根据《中华人民共和国民法典》《中华人民共和国民事诉讼法》等有关法律规定，结合审判实践，制定本解释。

第一条 因生命、身体、健康遭受侵害，赔偿权利人起诉请求赔偿义务人赔偿物质损害和精神损害的，人民法院应予受理。

本条所称“赔偿权利人”，是指因侵权行为或者其他致害原因直接遭受人身损害的受害人以及死亡受害人的近亲属。

本条所称“赔偿义务人”，是指因自己或者他人的侵权行为以及其他致害原因依法应当承担民事责任的自然人、法人或者非法人组织。

第二条 赔偿权利人起诉部分共同侵权人的，人民法院应当追加其他共同侵权人作为共同被告。赔偿权利人在诉讼中放弃对部分共同侵权人的诉讼请求的，其他共同侵权人对被放弃诉讼请求的被告应当承担的赔偿份额不承担连带责任。责任范围难以确定的，推定各共同侵权人承担同等责任。

人民法院应当将放弃诉讼请求的法律后果告知赔偿权利人，并将放弃诉讼请求的情况在法律文书中叙明。

第三条 依法应当参加工伤保险统筹的用人单位的劳动者，因工伤事故遭受人身损害，劳动者或者其近亲属向人民法院起诉请求用人单位承担民事赔偿责任的，告知其按《工伤保险条例》的规定处理。

因用人单位以外的第三人侵权造成劳动者人身损害，赔偿权利人请求第三人承担民事赔偿责任的，人民法院应予支持。

第四条 无偿提供劳务的帮工人，在从事帮工活动中致人损害的，被帮工人应当承担赔偿责任。被帮工人承担赔偿责任后向有故意或者重大过失的帮工人追偿的，人民法院应予支持。被帮工人明确拒绝帮工的，不承担赔偿责任。

第五条 无偿提供劳务的帮工人因帮工活动遭受人身损害的，根据帮工人和被帮工人各自的过错承担相应的责任；被帮工人明确拒绝帮工的，被帮工人不承担赔偿责任，但可以在受益范围内予以适当补偿。

帮工人在帮工活动中因第三人的行为遭受人身损害的，有权请求第三人承担赔偿责任，也有权请求被帮工人予以适当补偿。被帮工人补偿后，可以向第三人追偿。

第六条 医疗费根据医疗机构出具的医药费、住院费等收款凭证，结合病历和诊断证明等相关证据确定。赔偿义务人对治疗的必要性和合理性有异议的，应当承担相应的举证责任。

医疗费的赔偿数额，按照一审法庭辩论终结前实际发生的数额确定。器官功能恢复训练所必要的康复费、适当的整容费以及其他后续治疗费，赔偿权利人可以待实际发生后另行起诉。但根据医疗证明或者鉴定结论确定必然发生的费用，可以与已经发生的医疗费一并予以赔偿。

第七条 误工费根据受害人的误工时间和收入状况确定。

误工时间根据受害人接受治疗的医疗机构出具的证明确定。受害人因伤致残持续误工的，误工时间可以计算至定残日前一天。

受害人有固定收入的，误工费按照实际减少的收入计算。受害人无固定收入的，按照其最近三年的平均收入计算；受害人不能举证证明其最近三年的平均收入状况的，可以参照受诉法院所在地相同或者相近行业上一年度职工的平均工资计算。

第八条 护理费根据护理人员的收入状况和护理人数、护理期限确定。

护理人员有收入的，参照误工费的规定计算；护理人员没有收入或者雇佣护工的，参照当地护工从事同等级别护理的劳务报酬标准计算。护理人员原则上为一人，但医疗机构或者鉴定机构有明确意见的，可以参照确定护理人员人数。

护理期限应计算至受害人恢复生活自理能力时止。受害人因残疾不能恢复生活自理能力的，可以根据其年龄、健康状况等因素确定合理的护理期限，但最长不超过二十年。

受害人定残后的护理，应当根据其护理依赖程度并结合配制残疾辅助器具的情况确定护理级别。

第九条 交通费根据受害人及其必要的陪护人员因就医或者转院治疗实际发生的费用计算。交通费应当以正式票据为凭；有关凭据应当与就医地点、时间、人数、次数相符合。

第十条 住院伙食补助费可以参照当地国家机关一般工作人员的出差伙食补助标准予以确定。

受害人确有必要到外地治疗，因客观原因不能住院，受害人本人及其陪护人员实际发生的住宿费和伙食费，其合理部分应予赔偿。

第十一条 营养费根据受害人伤残情况参照医疗机构的意见确定。

第十二条 残疾赔偿金根据受害人丧失劳动能力程度或者伤残等级，按照受诉法院所在地上一年度城镇居民人均可支配收入标准，自定残之日起按二十年计算。但六十周岁以上的，年龄每增加一岁减少一年；七十五周岁以上的，按五年计算。

受害人因伤致残但实际收入没有减少，或者伤残等级较轻但造成职业妨害严重影响其劳动就业的，可以对残疾赔偿金作相应调整。

第十三条 残疾辅助器具费按照普通适用器具的合理费用标准计算。伤情有特殊需要的，可以参照辅助器具配制机构的意见确定相应的合理费用标准。

辅助器具的更换周期和赔偿期限参照配制机构的意见确定。

第十四条 丧葬费按照受诉法院所在地上一年度职工月平均工资标准，以六个月总额计算。

第十五条 死亡赔偿金按照受诉法院所在地上一年度城镇居

民人均可支配收入标准，按二十年计算。但六十周岁以上的，年龄每增加一岁减少一年；七十五周岁以上的，按五年计算。

第十六条　被扶养人生活费计入残疾赔偿金或者死亡赔偿金。

第十七条　被扶养人生活费根据扶养人丧失劳动能力程度，按照受诉法院所在地上一年度城镇居民人均消费支出标准计算。被扶养人为未成年人的，计算至十八周岁；被扶养人无劳动能力又无其他生活来源的，计算二十年。但六十周岁以上的，年龄每增加一岁减少一年；七十五周岁以上的，按五年计算。

被扶养人是指受害人依法应当承担扶养义务的未成年人或者丧失劳动能力又无其他生活来源的成年近亲属。被扶养人还有其他扶养人的，赔偿义务人只赔偿受害人依法应当负担的部分。被扶养人有数人的，年赔偿总额累计不超过上一年度城镇居民人均消费支出额。

第十八条　赔偿权利人举证证明其住所地或者经常居住地城镇居民人均可支配收入高于受诉法院所在地标准的，残疾赔偿金或者死亡赔偿金可以按照其住所地或者经常居住地的相关标准计算。

被扶养人生活费的相关计算标准，依照前款原则确定。

第十九条　超过确定的护理期限、辅助器具费给付年限或者残疾赔偿金给付年限，赔偿权利人向人民法院起诉请求继续给付护理费、辅助器具费或者残疾赔偿金的，人民法院应予受理。赔偿权利人确需继续护理、配制辅助器具，或者没有劳动能力和生活来源的，人民法院应当判令赔偿义务人继续给付相关费用五至十年。

第二十条　赔偿义务人请求以定期金方式给付残疾赔偿金、

辅助器具费的，应当提供相应的担保。人民法院可以根据赔偿义务人的给付能力和提供担保的情况，确定以定期金方式给付相关费用。但是，一审法庭辩论终结前已经发生的费用、死亡赔偿金以及精神损害抚慰金，应当一次性给付。

第二十一条 人民法院应当在法律文书中明确定期金的给付时间、方式以及每期给付标准。执行期间有关统计数据发生变化的，给付金额应当适时进行相应调整。

定期金按照赔偿权利人的实际生存年限给付，不受本解释有关赔偿期限的限制。

第二十二条 本解释所称“城镇居民人均可支配收入”“城镇居民人均消费支出”“职工平均工资”，按照政府统计部门公布的各省、自治区、直辖市以及经济特区和计划单列市上一年度相关统计数据确定。

“上一年度”，是指一审法庭辩论终结时的上一统计年度。

第二十三条 精神损害抚慰金适用《最高人民法院关于确定民事侵权精神损害赔偿责任若干问题的解释》予以确定。

第二十四条 本解释自 2022 年 5 月 1 日起施行。施行后发生的侵权行为引起的人身损害赔偿案件适用本解释。

本院以前发布的司法解释与本解释不一致的，以本解释为准。

最高人民法院关于确定民事侵权精神损害赔偿责任若干问题的解释

· 2001 年 2 月 26 日最高人民法院审判委员会第 1161 次会议通过

· 根据 2020 年 12 月 23 日最高人民法院审判委员会第 1823 次会议通过的《最高人民法院关于修改〈最高人民法院关于在民事审判工作中适用《中华人民共和国工会法》若干问题的解释〉等二十七件民事类司法解释的决定》修正

· 2020 年 12 月 29 日最高人民法院公告公布

· 自 2021 年 1 月 1 日起施行

· 法释〔2020〕17 号

为在审理民事侵权案件中正确确定精神损害赔偿责任，根据《中华人民共和国民法典》等有关法律规定，结合审判实践，制定本解释。

第一条 因人身权益或者具有人身意义的特定物受到侵害，自然人或者其近亲属向人民法院提起诉讼请求精神损害赔偿的，人民法院应当依法予以受理。

第二条 非法使被监护人脱离监护，导致亲子关系或者近亲属间的亲属关系遭受严重损害，监护人向人民法院起诉请求赔偿精神损害的，人民法院应当依法予以受理。

第三条 死者的姓名、肖像、名誉、荣誉、隐私、遗体、遗骨等受到侵害，其近亲属向人民法院提起诉讼请求精神损害赔偿的，人民法院应当依法予以支持。

第四条　法人或者非法人组织以名誉权、荣誉权、名称权遭受侵害为由，向人民法院起诉请求精神损害赔偿的，人民法院不予支持。

第五条　精神损害的赔偿数额根据以下因素确定：

（一）侵权人的过错程度，但是法律另有规定的除外；

（二）侵权行为的目的、方式、场合等具体情节；

（三）侵权行为所造成的后果；

（四）侵权人的获利情况；

（五）侵权人承担责任的经济能力；

（六）受理诉讼法院所在地的平均生活水平。

第六条　在本解释公布施行之前已经生效施行的司法解释，其内容有与本解释不一致的，以本解释为准。

最高人民法院关于审理使用人脸识别技术处理个人信息相关民事案件适用法律若干问题的规定

· 2021年6月8日最高人民法院审判委员会第1841次会议通过

· 2021年7月27日最高人民法院公告公布

· 自2021年8月1日起施行

· 法释〔2021〕15号

为正确审理使用人脸识别技术处理个人信息相关民事案件，保护当事人合法权益，促进数字经济健康发展，根据《中华人民共和国民法典》《中华人民共和国网络安全法》《中华人民共和国消费者权益保护法》《中华人民共和国电子商务法》《中华人民共和国民事诉讼法》等法律的规定，结合审判实践，制定本规定。

第一条 因信息处理者违反法律、行政法规的规定或者双方的约定使用人脸识别技术处理人脸信息、处理基于人脸识别技术生成的人脸信息所引起的民事案件，适用本规定。

人脸信息的处理包括人脸信息的收集、存储、使用、加工、传输、提供、公开等。

本规定所称人脸信息属于民法典第一千零三十四条规定的“生物识别信息”。

第二条 信息处理者处理人脸信息有下列情形之一的，人民法院应当认定属于侵害自然人人格权益的行为：

（一）在宾馆、商场、银行、车站、机场、体育场馆、娱乐场所等经营场所、公共场所违反法律、行政法规的规定使用人脸识别技术进行人脸验证、辨识或者分析；

（二）未公开处理人脸信息的规则或者未明示处理的目的、方式、范围；

（三）基于个人同意处理人脸信息的，未征得自然人或者其监护人的单独同意，或者未按照法律、行政法规的规定征得自然人或者其监护人的书面同意；

（四）违反信息处理者明示或者双方约定的处理人脸信息的目的、方式、范围等；

（五）未采取应有的技术措施或者其他必要措施确保其收集、存储的人脸信息安全，致使人脸信息泄露、篡改、丢失；

（六）违反法律、行政法规的规定或者双方的约定，向他人提供人脸信息；

（七）违背公序良俗处理人脸信息；

（八）违反合法、正当、必要原则处理人脸信息的其他情形。

第三条 人民法院认定信息处理者承担侵害自然人人格权益的民事责任，应当适用民法典第九百九十八条的规定，并结合案件具体情况综合考量受害人是否为未成年人、告知同意情况以及信息处理的必要程度等因素。

第四条 有下列情形之一，信息处理者以已征得自然人或者其监护人同意为由抗辩的，人民法院不予支持：

（一）信息处理者要求自然人同意处理其人脸信息才提供产品或者服务的，但是处理人脸信息属于提供产品或者服务所必需的除外；

（二）信息处理者以与其他授权捆绑等方式要求自然人同意处理其人脸信息的；

（三）强迫或者变相强迫自然人同意处理其人脸信息的其他情形。

第五条 有下列情形之一，信息处理者主张其不承担民事责任的，人民法院依法予以支持：

（一）为应对突发公共卫生事件，或者紧急情况下为保护自然人的生命健康和财产安全所必需而处理人脸信息的；

（二）为维护公共安全，依据国家有关规定在公共场所使用人脸识别技术的；

（三）为公共利益实施新闻报道、舆论监督等行为在合理的范围内处理人脸信息的；

（四）在自然人或者其监护人同意的范围内合理处理人脸信息的；

（五）符合法律、行政法规规定的其他情形。

第六条 当事人请求信息处理者承担民事责任的，人民法院应当依据民事诉讼法第六十四条及《最高人民法院关于适用〈中华人民共和国民事诉讼法〉的解释》第九十条、第九十一条，《最高人民法院关于民事诉讼证据的若干规定》的相关规定确定双方当事人的举证责任。

信息处理者主张其行为符合民法典第一千零三十五条第一款规定情形的，应当就此所依据的事实承担举证责任。

信息处理者主张其不承担民事责任的，应当就其行为符合本规定第五条规定的情形承担举证责任。

第七条 多个信息处理者处理人脸信息侵害自然人人格权益，该自然人主张多个信息处理者按照过错程度和造成损害结果的大小承担侵权责任的，人民法院依法予以支持；符合民法典第一千一百六十八条、第一千一百六十九条第一款、第一千一百七十条、第一千一百七十一条等规定的相应情形，该自然人主张多个信息处理者承担连带责任的，人民法院依法予以支持。

信息处理者利用网络服务处理人脸信息侵害自然人人格权益的，适用民法典第一千一百九十五条、第一千一百九十六条、第一千一百九十七条等规定。

第八条 信息处理者处理人脸信息侵害自然人人格权益造成财产损失，该自然人依据民法典第一千一百八十二条主张财产损害赔偿的，人民法院依法予以支持。

自然人为制止侵权行为所支付的合理开支，可以认定为民法典第一千一百八十二条规定的财产损失。合理开支包括该自然人或者委托代理人对侵权行为进行调查、取证的合理费用。人民法院根据当事人的请求和具体案情，可以将合理的律师费用计算在赔偿范围内。

第九条 自然人有证据证明信息处理者使用人脸识别技术正

在实施或者即将实施侵害其隐私权或者其他人格权益的行为，不及时制止将使其合法权益受到难以弥补的损害，向人民法院申请采取责令信息处理者停止有关行为的措施的，人民法院可以根据案件具体情况依法作出人格权侵害禁令。

第十条 物业服务企业或者其他建筑物管理人以人脸识别作为业主或者物业使用人出入物业服务区域的唯一验证方式，不同意的业主或者物业使用人请求其提供其他合理验证方式的，人民法院依法予以支持。

物业服务企业或者其他建筑物管理人存在本规定第二条规定的情形，当事人请求物业服务企业或者其他建筑物管理人承担侵权责任的，人民法院依法予以支持。

第十一条 信息处理者采用格式条款与自然人订立合同，要求自然人授予其无期限限制、不可撤销、可任意转授权等处理人脸信息的权利，该自然人依据民法典第四百九十七条请求确认格式条款无效的，人民法院依法予以支持。

第十二条 信息处理者违反约定处理自然人的人脸信息，该自然人请求其承担违约责任的，人民法院依法予以支持。该自然人请求信息处理者承担违约责任时，请求删除人脸信息的，人民法院依法予以支持；信息处理者以双方未对人脸信息的删除作出约定为由抗辩的，人民法院不予支持。

第十三条 基于同一信息处理者处理人脸信息侵害自然人人格权益发生的纠纷，多个受害人分别向同一人民法院起诉的，经当事人同意，人民法院可以合并审理。

第十四条 信息处理者处理人脸信息的行为符合民事诉讼法第五十五条、消费者权益保护法第四十七条或者其他法律关于民事公益诉讼的相关规定，法律规定的机关和有关组织提起民事公益诉讼的，人民法院应予受理。

第十五条 自然人死亡后，信息处理者违反法律、行政法规的规定或者双方的约定处理人脸信息，死者的近亲属依据民法典第九百九十四条请求信息处理者承担民事责任的，适用本规定。

第十六条 本规定自 2021 年 8 月 1 日起施行。

信息处理者使用人脸识别技术处理人脸信息、处理基于人脸识别技术生成的人脸信息的行为发生在本规定施行前的，不适用本规定。

最高人民法院关于审理利用信息网络侵害人身权益民事纠纷案件适用法律若干问题的规定

- 2014 年 6 月 23 日最高人民法院审判委员会第 1621 次会议通过
- 根据 2020 年 12 月 23 日最高人民法院审判委员会第 1823 次会议通过的《最高人民法院关于修改〈最高人民法院关于在民事审判工作中适用《中华人民共和国工会法》若干问题的解释〉等二十七件民事类司法解释的决定》修正
- 2020 年 12 月 29 日最高人民法院公告公布
- 自 2021 年 1 月 1 日起施行
- 法释〔2020〕17 号

为正确审理利用信息网络侵害人身权益民事纠纷案件，根据《中华人民共和国民法典》《全国人民代表大会常务委员会关于加强网络信息保护的决定》《中华人民共和国民事诉讼法》等法律的规定，结合审判实践，制定本规定。

第一条 本规定所称的利用信息网络侵害人身权益民事纠纷案件，是指利用信息网络侵害他人姓名权、名称权、名誉权、荣誉权、肖像权、隐私权等人身权益引起的纠纷案件。

第二条 原告依据民法典第一千一百九十五条、第一千一百九十七条的规定起诉网络用户或者网络服务提供者的，人民法院应予受理。

原告仅起诉网络用户，网络用户请求追加涉嫌侵权的网络服务提供者为共同被告或者第三人的，人民法院应予准许。

原告仅起诉网络服务提供者，网络服务提供者请求追加可以确定的网络用户为共同被告或者第三人的，人民法院应予准许。

第三条 原告起诉网络服务提供者，网络服务提供者以涉嫌侵权的信息系网络用户发布为由抗辩的，人民法院可以根据原告的请求及案件的具体情况，责令网络服务提供者向人民法院提供能够确定涉嫌侵权的网络用户的姓名（名称）、联系方式、网络地址等信息。

网络服务提供者无正当理由拒不提供的，人民法院可以依据民事诉讼法第一百一十四条的规定对网络服务提供者采取处罚等措施。

原告根据网络服务提供者提供的信息请求追加网络用户为被告的，人民法院应予准许。

第四条 人民法院适用民法典第一千一百九十五条第二款的规定，认定网络服务提供者采取的删除、屏蔽、断开链接等必要措施是否及时，应当根据网络服务的类型和性质、有效通知的形式和准确程度、网络信息侵害权益的类型和程度等因素综合判断。

第五条 其发布的信息被采取删除、屏蔽、断开链接等措施的网络用户，主张网络服务提供者承担违约责任或者侵权责任，网络服务提供者以收到民法典第一千一百九十五条第一款规定的有效通知为由抗辩的，人民法院应予支持。

第六条 人民法院依据民法典第一千一百九十七条认定网络服务提供者是否“知道或者应当知道”，应当综合考虑下列因素：

（一）网络服务提供者是否以人工或者自动方式对侵权网络信息以推荐、排名、选择、编辑、整理、修改等方式作出处理；

（二）网络服务提供者应当具备的管理信息的能力，以及所提供服务的性质、方式及其引发侵权的可能性大小；

（三）该网络信息侵害人身权益的类型及明显程度；

（四）该网络信息的社会影响程度或者一定时间内的浏览量；

（五）网络服务提供者采取预防侵权措施的技术可能性及其是否采取了相应的合理措施；

（六）网络服务提供者是否针对同一网络用户的重复侵权行为或者同一侵权信息采取了相应的合理措施；

（七）与本案相关的其他因素。

第七条 人民法院认定网络用户或者网络服务提供者转载网络信息行为的过错及其程度，应当综合以下因素：

（一）转载主体所承担的与其性质、影响范围相适应的注意义务；

（二）所转载信息侵害他人人身权益的明显程度；

（三）对所转载信息是否作出实质性修改，是否添加或者修改文章标题，导致其与内容严重不符以及误导公众的可能性。

第八条 网络用户或者网络服务提供者采取诽谤、诋毁等手段，损害公众对经营主体的信赖，降低其产品或者服务的社会评价，经营主体请求网络用户或者网络服务提供者承担侵权责任的，人民法院应依法予以支持。

第九条 网络用户或者网络服务提供者，根据国家机关依职权制作的文书和公开实施的职权行为等信息来源所发布的信息，有下列情形之一，侵害他人人身权益，被侵权人请求侵权人承担侵权责任的，人民法院应予支持：

（一）网络用户或者网络服务提供者发布的信息与前述信息来源内容不符；

（二）网络用户或者网络服务提供者以添加侮辱性内容、诽谤性信息、不当标题或者通过增删信息、调整结构、改变顺序等方式致人误解；

（三）前述信息来源已被公开更正，但网络用户拒绝更正或者网络服务提供者不予更正；

（四）前述信息来源已被公开更正，网络用户或者网络服务提供者仍然发布更正之前的信息。

第十条 被侵权人与构成侵权的网络用户或者网络服务提供者达成一方支付报酬，另一方提供删除、屏蔽、断开链接等服务的协议，人民法院应认定为无效。

擅自篡改、删除、屏蔽特定网络信息或者以断开链接的方式阻止他人获取网络信息，发布该信息的网络用户或者网络服务提供者请求侵权人承担侵权责任的，人民法院应予支持。接受他人委托实施该行为的，委托人与受托人承担连带责任。

第十一条 网络用户或者网络服务提供者侵害他人人身权益，造成财产损失或者严重精神损害，被侵权人依据民法典第一千一百八十二条和第一千一百八十三条的规定，请求其承担赔偿责任的，人民法院应予支持。

第十二条 被侵权人为制止侵权行为所支付的合理开支，可以认定为民法典第一千一百八十二条规定的财产损失。合理开支包括被侵权人或者委托代理人对侵权行为进行调查、取证的合理费用。人民法院根据当事人的请求和具体案情，可以将符合国家有关部门规定的律师费用计算在赔偿范围内。

被侵权人因人身权益受侵害造成的财产损失以及侵权人因此获得的利益难以确定的，人民法院可以根据具体案情在50万元以下的范围内确定赔偿数额。

第十三条 本规定施行后人民法院正在审理的一审、二审案件适用本规定。

本规定施行前已经终审，本规定施行后当事人申请再审或者按照审判监督程序决定再审的案件，不适用本规定。

法律法规新解读系列

实用附录

民法典人格权编
解读与应用

人身损害赔偿计算公式

医疗费

医疗费=医药费+住院费+治疗费+检查费+挂号费+其他费用

误工费

1. 受害人有固定收入的，计算公式为：

误工费赔偿金额=受害人工资（元/天）×误工时间（天）

2. 受害人无固定收入，但受害人能够举证证明其最近三年的平均收入状况的，计算公式为：

误工费赔偿金额=受害人最近三年平均收入（元/天）×误工时间（天）

3. 受害人无固定收入，且受害人不能够举证证明其最近三年的平均收入状况的，计算公式为：

误工费赔偿金额=受诉法院所在地相同或相近行业上一年职工平均工资（天/元）×误工时间（天）

护理费

1. 护理人员有收入的：

护理费=误工费

2. 护理人员没有收入或者雇佣护工的：

护理费=当地护工从事同等级别护理的劳务报酬标准（元/天）×护理期限（天）

交通费

交通费=往返费用×往返次数×往返人数

住院伙食补助费

住院伙食补助费=当地国家机关一般工作人员出差伙食补助标准（元/天）×住院天数

营养费

营养费=实际发生的必要营养费

残疾赔偿金

残疾赔偿金=受诉法院所在地上一年度城镇居民人均可支配收入×伤残等级系数×赔偿年限

残疾辅助器具费

残疾辅助器具费=普通适用器具的合理费用

丧葬费

丧葬费=受诉法院所在地上一年职工月平均工资（元/月）×6个月

被扶养人生活费

1. 被扶养人没有其他扶养人的：

> 被扶养人生活费=受诉法院所在地上一年度
> 城镇居民人均消费性支出×伤残系数×赔偿年限

2. 被扶养人还有其他抚养人的：

> 被扶养人生活费=受害人依法
> 应承担的扶养费用

3. 被扶养人有数人的：

> 年赔偿总额≤上一年度城镇居民人均消费性支出额

死亡赔偿金

> 死亡赔偿金=受诉法院所在地上一年度
> 城镇居民人均可支配收入标准×20年
> （60周岁以上的，年龄每增加1岁减少1年；
> 75周岁以上的，按5年计算）

精神损害赔偿

> 精神损害的赔偿数额根据以下因素确定：
> （1）侵权人的过错程度，但是法律另有规定的除外；
> （2）侵权行为的目的、方式、场合等具体情节；
> （3）侵权行为所造成的后果；
> （4）侵权人的获利情况；
> （5）侵权人承担责任的经济能力；
> （6）受理诉讼法院所在地的平均生活水平。

民事诉讼流程示意图

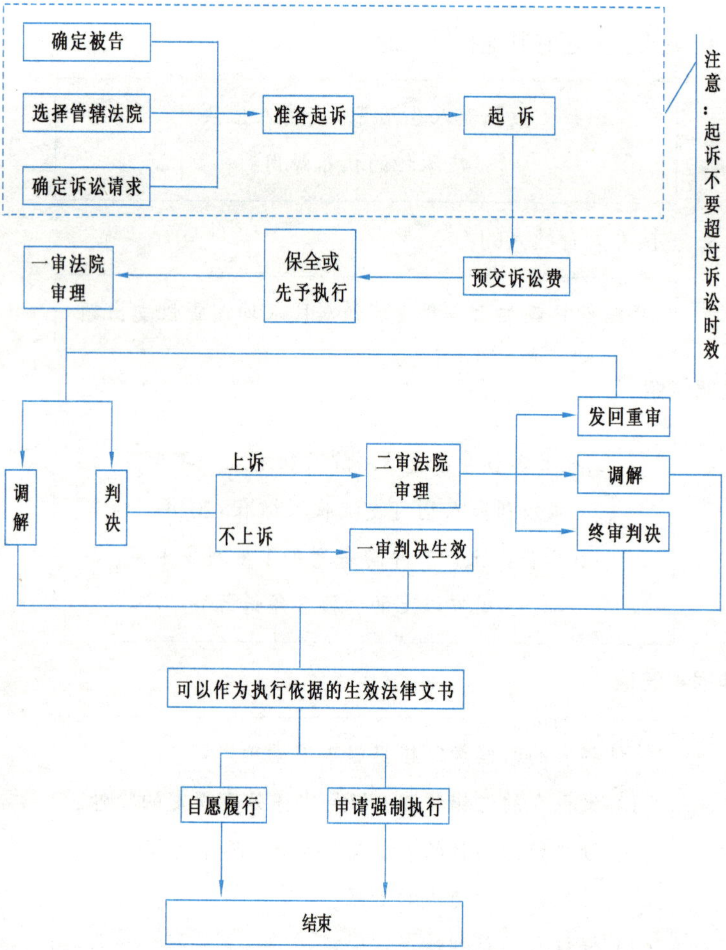
确定被告
选择管辖法院
确定诉讼请求
准备起诉
起 诉
注意：起诉不要超过诉讼时效
预交诉讼费
保全或先予执行
一审法院审理
调解
判决
上诉
不上诉
二审法院审理
一审判决生效
发回重审
调解
终审判决
可以作为执行依据的生效法律文书
自愿履行
申请强制执行
结束

重要法律术语速查表

续表

续表

法律术语	页码
信用权	第 128 页
性骚扰行为	第 55 页
性自主权	第 55 页
姓名	第 67 页
姓名登记	第 92 页
姓氏选择的一般原则	第 86 页
选取父姓或母姓以外的第三姓	第 86 页
一般人格权	第 5 页
隐私	第 138 页
隐私权	第 138 页
转让名称	第 92 页

图书在版编目(CIP)数据

民法典人格权编解读与应用 / 成知博编著. —北京:中国法制出版社,2023.4
(法律法规新解读丛书)
ISBN 978-7-5216-3350-4

Ⅰ. ①民… Ⅱ. ①成… Ⅲ. ①人格-权利-法律解释-中国 Ⅳ. ①D923.15

中国国家版本馆 CIP 数据核字(2023)第 043943 号

责任编辑:潘环环　　封面设计:李　宁

民法典人格权编解读与应用
MINFADIAN RENGEQUANBIAN JIEDU YU YINGYONG

编著/成知博
经销/新华书店
印刷/三河市国英印务有限公司
开本/880 毫米×1230 毫米　32 开　　印张/ 7　字数/ 146 千
版次/2023 年 4 月第 1 版　　2023 年 4 月第 1 次印刷

中国法制出版社出版
书号 ISBN 978-7-5216-3350-4　　定价:22.00 元

北京市西城区西便门西里甲 16 号西便门办公区
邮政编码:100053　　传真:010-63141600
网址:http://www.zgfzs.com　　**编辑部电话:010-63141813**
市场营销部电话:010-63141612　　**印务部电话:010-63141606**

(如有印装质量问题,请与本社印务部联系。)

【法融】数据库免费增值服务有效期截至本书出版之日起 2 年。